Écoute ton corps, il te parle

Titre original : *Body Whispering*.
Publié pour la première fois par Access Consciousness.

Traduit de l'anglais par Olivier Vinet.

ISBN : 978-2-7029-2142-5

www.editions-tredaniel.com
info@guytredaniel.fr
www.facebook.com/editions.tredaniel
@editions_guy_tredaniel
@le_courrier_du_livre

Dr Dain Heer

Écoute ton corps, il te parle

Une nouvelle façon de voir, d'être et de guérir

LE COURRIER DU LIVRE
27, rue des Grands-Augustins
75006 Paris

Gratitude

Peut-être pensez-vous que c'est vous qui avez choisi de lire ce livre. Mais je suis pratiquement certain que ce n'est pas vous. Il est tout à fait possible qu'il y ait quelque chose de bien plus puissant qui soit à l'œuvre ici : VOTRE CORPS. Alors, mon ami, laissez-vous porter !

Depuis très longtemps, nous ignorons la conscience et les facultés de notre corps. Mais aujourd'hui, elles se réveillent.

Notre corps entend l'appel de la Terre et du monde qui nous entoure et chaque jour, leurs murmures se font de plus en plus perceptibles.

Ce livre est une invitation à engager un dialogue subtil avec votre corps (pour comprendre ce que cela veut vraiment dire, il va vous falloir lire cet ouvrage). Tout au long de votre lecture, je ferai de mon mieux pour vous montrer ce dont j'ai commencé à prendre conscience il y a de nombreuses années, lorsque je me suis rendu compte que les corps me parlaient. Tout le temps. Très fort.

Vous n'entendrez pas la même chose que moi, mais les principes fondamentaux restent les mêmes. La toute première étape consiste à reconnaître que oui, le corps parle, et pas seulement avec des mots.

Je voudrais remercier mon corps de me montrer ce qui est vraiment possible et, en même temps, m'excuser auprès de lui d'avoir mis tant de temps avant de commencer à l'écouter.

Je voudrais remercier chaque corps que j'ai eu l'honneur et le plaisir de rencontrer, sur lequel j'ai pu travailler, avec lequel j'ai pu jouer et duquel j'ai pu apprendre au cours de ces vingt dernières années, et plus encore. En vérité, toutes les personnes que j'ai pu rencontrer dans ma vie, toutes les étreintes, et toutes les séances que j'ai données ou reçues ont contribué à ce livre.

Enfin, je voudrais remercier Gary Douglas. L'avoir rencontré et avoir fait la toute première séance de ce que j'appelle désormais *La Synthèse Énergétique d'Être* il y a plus de vingt ans m'a fait découvrir les facultés véritables que nous et notre corps avons à notre disposition.

Sans cette invitation, mon corps et moi-même ne serions peut-être jamais devenus les cocréateurs que nous sommes aujourd'hui.

Gary dit souvent que tout ce qu'il a appris dans sa vie, il le tient d'un cheval. Personnellement, le moindre pas que j'ai fait en direction de ma grandeur a commencé par un murmure de mon corps.

Le moment est-il maintenant venu que vous partiez à la rencontre de votre corps ? Pour de vrai ?

Hélas oui, nous commençons !

Et la Terre (ainsi que tous les corps qui l'habitent) se réjouit.

Dain

Sommaire

Introduction : levez la main si vous êtes un guérisseur

Au début de presque toutes les classes ou tous les ateliers que je facilite, je pose cette question. Certains lèvent la main immédiatement, d'autres avec hésitation. Et quelques-uns ne la lèvent pas du tout.

Et vous ? Êtes-vous guérisseur ?

Y a-t-il quelque chose à l'intérieur de vous qui vient de dire… *oui ?*

Il est intéressant de se demander *quand* une personne devient guérisseuse, ou une facilitatrice si vous préférez. À partir du moment où elle ouvre un cabinet ? À partir du moment où elle est payée ? À partir du moment où elle a des preuves solides, en béton, qu'elle a amélioré la vie d'une personne, ou mieux, qu'elle l'a guérie ?

Ou devient-on guérisseur quand on choisit de reconnaître qu'on l'a toujours été ? Et si c'était pour cette raison que vous êtes là, maintenant, en train de lire ce livre ?

Je voudrais commencer par vous accueillir comme il se doit…

Bienvenue et bonjour, cher guérisseur !

Bonjour à celles et ceux qui sont à l'aise en disant cela, ainsi qu'à celles et ceux qui ont une vague idée, qui commencent à comprendre qu'il existe une autre manière d'être avec son corps et celui d'autrui.

Bonjour à celles et ceux qui sont sur ce chemin depuis des années : les praticiens et facilitateurs qui effectuent un travail énergétique, les masseurs, les praticiens reiki et les acupuncteurs, ainsi que les médecins qui travaillent aux urgences, les psychologues, les infirmières, les personnes qui sont en première ligne.

Bonjour à vous toutes et tous qui désirez changer votre monde et celui d'autrui.

Je vous suis très reconnaissant d'être là, même si vous pensez ne pas avoir votre place parmi les catégories que je viens de citer.

Ce livre m'est très cher. Les concepts, histoires, outils et techniques partagés dans cet ouvrage sont nés de mon parcours personnel d'acteur du changement et y sont donc reliés : depuis vingt ans, j'ai la joie de faciliter et d'observer d'extraordinaires changements dans mon corps ainsi que dans celui de centaines de milliers de personnes.

Ce que je partage est un paradigme entièrement différent de guérison, de changement et de transformation. Ce qu'il y a de merveilleux, c'est que vous pouvez utiliser n'importe lequel des outils expliqués dans ce livre, ou même tous, en complément des formations et techniques qui ont vos faveurs ; cela ne fera qu'accélérer et renforcer les changements que vous pouvez créer.

Avez-vous conscience que lancer le changement dans le corps des gens peut être facile, sans effort, fluide et... amusant ?

Savez-vous que vous pouvez entrer dans un espace d'être, un espace dans lequel vous aurez des prises de conscience qui, potentiellement, peuvent transformer et créer des mondes entiers ? Quand vous assistez directement à ce genre de changement, cela paraît tout bonnement miraculeux. Vous ressentez un moment d'euphorie intense, mêlé à une paix sous-jacente, car vous faites exactement ce pour quoi vous êtes venu ici.

Votre espace d'être n'appartient qu'à vous. Vous avez la capacité de provoquer une guérison chez les autres simplement parce qu'ils sont en votre présence.

Si, pendant votre lecture (peut-être dès maintenant ?), les idées ou concepts proposés dans ce livre vous semblent abstraits ou difficiles à appréhender, sachez que c'est normal. Pas besoin de vous forcer à « comprendre ». Poursuivez votre lecture et prenez-y du plaisir. Laissez les pièces du puzzle se mettre en place. Prenez ce qui vous convient et laissez le reste. Faites vos propres expériences, amusez-vous. Soyez ouvert : votre vie et votre pratique pourraient bien devenir plus malléables, plus dynamiques et plus joyeuses.

Voici comment cela s'est passé pour moi.

Il y a vingt ans, j'étais médecin et je vivais dans l'un des endroits les plus riches et les plus beaux au monde. J'étais fiancé à une femme qui semblait parfaitement me convenir. Sur le papier, j'avais tout. Mais dans la pratique, c'était le désastre : j'étais malheureux et complètement déconnecté de ce que j'étais vraiment et de ce que je désirais réellement.

Bien que je fusse sur le point d'ouvrir mon deuxième cabinet de chiropraxie, au fond de moi, je savais que je n'étais pas en train de créer le genre de changement qui, à l'origine, m'avait donné envie de devenir médecin. J'étais malheureux et désespéré, au point que j'avais même fixé une date pour mettre fin à mes jours. À moins que les choses ne changent du tout au tout. Et c'est ce qui s'est passé : j'ai découvert les outils d'Access Consciousness, et j'ai commencé à réaliser *mon* véritable potentiel. J'ai pu lâcher prise sur tellement de choses qui me limitaient, y compris mon couple qui paraissait pourtant me convenir parfaitement, mais qui, en réalité, en était loin. J'ai découvert ma véritable puissance en tant que créateur de ma vie et inévitablement, glorieusement, tout cela a aussi fait évoluer la manière dont je travaillais sur le corps des gens.

Très peu de temps après avoir entrepris d'utiliser les outils d'Access Consciousness, j'ai commencé à voir les miracles que j'avais toujours voulu créer dans mon cabinet de chiropraxie. J'ai mis au point une technique appelée « la Synthèse Énergétique d'Être », tout en travaillant sur Gary Douglas, le fondateur d'Access. Aujourd'hui, j'utilise toujours cette technique et je l'enseigne. Je suis devenu cocréateur du mouvement Access Consciousness, et depuis, ma vie n'a jamais plus été la même, pour mon plus grand bonheur. Chaque jour, ma vie continue de changer, d'évoluer et d'être en expansion d'une manière incroyable. C'est pourquoi je ne dis pas ceci à la légère : non seulement les outils d'Access Consciousness ont changé ma vie, mais ils l'ont littéralement *sauvée*.

Si vous le leur permettez, ils pourraient bien avoir aussi un impact révolutionnaire dans votre vie et votre pratique.

Savez-vous que vous foulez un nouveau chemin ?

Il est possible que les outils présentés dans ce livre ne ressemblent à rien de ce que vous avez connu auparavant. Pendant votre lecture, il y aura des idées et concepts qui vous parleront d'emblée, et vous vous retrouverez à acquiescer avec enthousiasme ou même à dire à voix haute : « Oui, exactement ! » Dans ce cas, relisez plusieurs fois ces notions.

Il y aura peut-être aussi des concepts qui vous feront réfléchir et vous feront dire : « Mouais… » Là encore, relisez-les. Pourquoi ? Parce qu'il y a une chance que, parmi les idées avec lesquelles vous voulez prendre vos distances, se cache un cadeau qui vous est destiné. Une pépite, ou la prise de conscience que vous pouvez changer quelque chose pour rendre votre vie et votre pratique bien plus dynamiques que jamais.

Merci à vous d'être prêt à être et à explorer quelque chose de différent. Et quand je dis différent, je veux dire *totalement* différent. Vous ouvrez les portes d'un espace dans lequel rares sont les personnes qui ont voulu pénétrer. Vous êtes à la pointe de la guérison, car vous participez à des échanges qu'ont très peu de gens sur cette planète. Pour l'instant !

Nous allons commencer notre aventure par vous : en mettant en place une communion avec votre corps et en comprenant qu'il est un cadeau. Nos corps ne sont pas isolés. Au fur et à mesure que vous créez une connexion plus profonde avec vous-même et votre corps, la connexion sera également plus forte avec le corps des autres. Il n'y a ni une bonne ni une mauvaise façon de dialoguer subtilement avec les corps : c'est quelque chose que vous êtes déjà. Tout au plus ne faisons-nous que dénouer ce que vous n'avez pas pu être… pour l'instant.

Nous remettrons en question les visions traditionnelles de la guérison et nous analyserons ce qui crée les maladies, les douleurs et le mal-être. Nous nous interrogerons sur le rôle de la présence, du chaos et des questions dans la guérison. Nous explorerons les frontières du travail sur autrui, ainsi que de la conscience. Nous examinerons des possibilités que d'autres pourraient qualifier d'originales, de différentes ou même de bizarres. Et cela me va. Quand vous-même ferez l'expérience du changement, il se pourrait que vous vous rendiez compte que vous aussi êtes à l'aise avec les bizarreries.

Nul n'est plus grand que vous. Il n'y a aucune raison de ne pas découvrir le contenu de ce livre et même d'autres choses dont je n'ai pas encore conscience. C'est un glorieux effort commun. Alors merci de vous joindre à moi. Je suis très enthousiaste à l'idée de voir le changement que *vous* allez créer.

On commence ?

1re partie

Une nouvelle façon de voir

Et si vous pouviez avoir une connexion instantanée avec chaque molécule de l'univers ?

Et si vous aviez un système de guidance intérieure qui, une fois que vous l'avez sollicité, pouvait vous amener à faire les choix les plus élevés pour votre vie et pour vivre ?

Il est temps d'explorer le concept de conscience et de vivre à partir d'un espace où l'on offre et l'on reçoit, et où l'on ne juge pas.

Les deux premiers chapitres constituent le fondement de tout le reste ; tout ce qu'il vous est demandé est de lire avec les yeux et l'esprit ouverts.

1.

L'énergie : réapprendre votre première langue

Commençons par prendre un moment pour réfléchir aux nombreuses et diverses manières dont nous communiquons les uns avec les autres sur cette belle planète que nous habitons actuellement.

Quelle est la méthode de communication qui vous vient à l'esprit ? Comment exprimons-nous à autrui qui nous sommes, de quoi nous avons besoin, là où nous allons ou d'où nous venons ?

Nous utilisons notre voix pour parler, que ce soit directement avec notre interlocuteur, ou au téléphone ou parfois par vidéoconférence.

Nous envoyons des messages instantanés et des e-mails, et partageons notre actualité en ligne. Si nous avons l'esprit traditionnel, nous rédigeons à la main nos courriers, voire des livres si nous avons quelque chose d'important à partager. J'adore le fait d'avoir écrit ce livre il y a plusieurs mois, voire plusieurs années, si vous le découvrez un peu plus tard. Et vous voilà, à m'accorder votre attention à travers le temps. Peut-être lisez-vous ces mots sur une page papier ou sur un écran ; ou peut-être même écoutez-vous le livre audio.

Certains dessinent, peignent ou composent de la musique pour raconter à autrui qui ils sont et ce qui est important pour eux.

Quand nous sommes face à face, nous ne nous contentons pas d'employer la parole, mais nous utilisons également le langage corporel : nos yeux s'écarquillent quand nous sommes sous le choc, ou nous les levons au ciel quand nous sommes frustrés. Nous croisons les bras quand nous sommes méfiants ou nous les levons en l'air quand nous sommes enthousiastes.

On pourrait dire que nous avons fait de la communication verbale, écrite et physique tout un art !

Et s'il y avait un autre moyen de parler, de converser, de communiquer ?

Et si nous avions beaucoup plus de ressources à notre disposition que nous en avons conscience ?

Et si, en y accédant, cela pouvait prodigieusement changer nos vies ?

L'énergie est le premier langage de votre corps, c'est votre première langue

Vous est-il déjà arrivé d'entrer dans un lieu et de savoir, à la seconde même, que la personne présente était fâchée contre vous ? Peut-être était-ce votre partenaire, votre mère, votre sœur ou votre patron. Avant même que cette personne ait dit un mot ou vous ait regardé dans les yeux, au moment même où vous avez touché la poignée de la porte pour entrer, vous avez su qu'elle éprouvait de la rancœur ou était dans le jugement.

Comment ? Parce que vous l'avez senti, vous l'avez perçu, vous l'avez *su*. Et c'est son énergie qui vous l'a communiqué.

Voici une autre manière dont l'énergie nous parle. Avez-vous dans votre entourage une personne qui est réellement en phase avec vous, qui vous comprend vraiment et qui, simplement quand vous lui dites « bonjour » au téléphone, sait que vous traversez une passe difficile dans votre vie ? Même si vous affirmez que vous allez bien, votre ami entend autre chose : votre énergie.

C'est rapide, instantané, naturel... Et vous pouvez avoir cette connexion instantanée, ce langage commun avec *tout* dans l'univers. Absolument tout.

Y compris, *ou en particulier*, avec votre corps. Il s'agit simplement de choisir de se brancher dessus et de s'entraîner à développer cette capacité dont vous n'aviez pas conscience jusqu'à présent.

Cela commence par vous.

Lourd ou léger

Si vous découvrez seulement cette manière d'envisager l'énergie, la première étape consiste à remarquer votre propre énergie. Une fois que vous aurez commencé à en avoir conscience, vous vous demanderez comment vous avez pu passer toute votre vie à côté.

Laissez-moi vous poser la question suivante : globalement, quand quelque chose vous semble bien, quand vous êtes enthousiaste, soulagé, heureux ou en paix, vous sentez-vous *lourd ou léger* ?

Léger, n'est-ce pas ?

Et quand vous êtes inquiet, effrayé, triste ou anxieux, vous sentez-vous *lourd ou léger* ?

Lourd, j'imagine.

Regardons les choses sous un autre angle : quand vous êtes heureux, avez-vous le sentiment que votre énergie est en expansion ? Et quand vous êtes triste, avez-vous le sentiment qu'elle est contractée, ou peut-être comprimée ?

Ce vers quoi je vous amène est l'idée que vous savez quand quelque chose est bon pour vous ou, pour être exact, quand quelque chose est *vrai pour vous*, quand vous avez une sensation d'expansion ou quand il y a une légèreté autour. Mais quand quelque chose n'est pas juste pour vous ou que c'est un mensonge pour vous, vous vous sentez contracté, ou lourd.

Les sensations de lourdeur et de légèreté sont différentes d'une personne à l'autre ; je ne peux par conséquent pas vous dire exactement ce que vous ressentirez. Mais vous serez capable de découvrir ce dont il s'agit pour vous.

Certaines personnes décrivent la sensation de légèreté comme une explosion de joie, un sourire constant, ou encore un sentiment d'expansion ou l'impression que tout est possible. Quant à la sensation de lourdeur, elle peut se traduire par une sensation de fatigue, d'être un poids mort ou d'être enfermé.

Considérez ces sensations de lourdeur et de légèreté comme votre système de guidance intérieure. Pour apprendre à le connaître, commencez par le remarquer. Quand vous êtes en présence d'une personne avec laquelle le courant ne passe pas, remarquez-le. Quand vous êtes en présence d'une personne avec laquelle vous vous sentez détendu, remarquez-le aussi. Et quand vous êtes sur le point de pratiquer une activité que vous adorez, remarquez-le encore.

Quand vous vous apprêtez à faire quelque chose qui vous fait peur, remarquez-le. Et cela pourrait vous surprendre. Car souvent, on peut se sentir léger même quand on est sur le point de faire quelque chose de terrifiant. Pourquoi ? Parce qu'énergétiquement, l'excitation et la peur déclenchent un ressenti assez similaire. Si vous vous sentez léger, vous pouvez être presque certain que ce que vous prenez pour de la peur est en réalité de l'excitation. L'énergie a parlé !

Mon conseil : n'y réfléchissez pas trop. Commencez simplement par vous connecter à l'incroyable conscience intérieure qui est la vôtre naturellement.

Prenons quelques instants : LE SAVEZ-VOUS ?

Chaque molécule de l'univers est douée de conscience. C'est le cas de chaque plante, chaque goutte de pluie, chaque coup de vent. Mais aussi de chaque animal, chaque arbre, chaque pierre précieuse, chaque rocher. De chaque bâtiment, chaque voiture, chaque rouage. Ou encore de chaque personne, chaque chose.

De tout le monde. De chaque *corps*.

Mon corps, le vôtre, ceux avec lesquels vous travaillez, ceux que vous connaissez. Tous sont doués de conscience.

Cela n'a rien d'une découverte ; en effet, Einstein a admis que chaque molécule, chaque élément de l'univers était conscient et, surtout, il a constaté que ces molécules conscientes communiquaient entre elles, *à tout moment.*

Comment ? Grâce à votre première langue. Ce langage qui est plus sophistiqué et instantané que les mots : l'énergie.

Est-il possible que votre corps tente de communiquer avec vous depuis très longtemps ?

Et que se passerait-il si vous commenciez à l'écouter ?

2.

La conscience : la clé pour créer le changement

La conscience est un concept qui peut paraître difficile à comprendre, tout en étant simple à connaître.

Les choses ne deviennent compliquées que quand le mental s'en mêle ! Il s'implique trop et cherche à saisir le sens de tout. Le tort du mental humain est qu'il a un besoin excessif de relier les concepts nouveaux aux concepts qu'il connaît et comprend déjà, ce qui lui permet ensuite d'ajouter ce nouveau concept à la case intitulée : « Les choses que je comprends à la perfection ».

La manière dont je décris la conscience pourra être très différente de ce à quoi vous êtes habitué. Lisez simplement en gardant l'esprit ouvert et, pendant votre lecture, écoutez votre guidance intérieure : remarquez si ce dont je vous parle vous ouvre de nouvelles possibilités et si cela crée une sensation de lourdeur ou de légèreté.

Dans la conscience, tout existe et rien n'est jugé

Être conscient est un choix plutôt qu'un état ou un niveau que l'on atteint. La conscience est déjà en vous, autour de vous, à votre disposition. Il est simplement possible que jusqu'à présent, vous n'ayez pas été en mesure de la choisir, parce que vous ne vous rendiez pas compte que c'était une possibilité.

C'est une question d'unité. L'idée est d'accueillir toute chose, toute personne, tout choix, sans jamais juger.

Dans la conscience, il n'existe pas de séparation. Vous recevez tout, le bon comme le mauvais. Mais il ne vous est plus nécessaire de catégoriser les choses ainsi ; dans la conscience, les polarités du bien et du mal ne sont plus les forces motrices qui régissent votre vie et le fait de vivre.

Le piège parfait

L'un des mythes de cette réalité est que le jugement est nécessaire pour que le monde puisse fonctionner. On nous a appris à porter un jugement sur les choses pour qu'elles se passent bien dans cette réalité : le jugement est ce qui nous permet d'aborder toute chose, des relations au monde du travail en passant par la culture, la spiritualité, la santé et le corps. La plupart d'entre nous passent toute leur vie à être convaincus qu'ils ont tort, tout en essayant désespérément d'avoir raison ou de s'en persuader.

Cela devient le piège parfait.

Et si rien de tout cela n'était ni vrai ni réel ? Et si le jugement était l'une des plus grandes limitations qui soient ? Et si chaque fois que vous décidez que quelque chose est bon ou mauvais, juste ou faux, vous vous limitiez, vous limitiez la chose ou la personne que vous jugez, vous limitiez ce que vous pouvez recevoir et que vous restreigniez votre monde (et le monde en général) ?

Certains prétendent que la voie qui conduit à la liberté consiste à voir que chaque personne, chaque chose est bonne. Je comprends cette idée ; j'y ai moi-même adhéré pendant longtemps. Elle sous-tend l'envie d'essayer de créer un monde meilleur, plus bienveillant. Mais en même temps, cela crée un gros problème : pour considérer que tout est bon, il faut se couper de ce qui ne rentre pas dans ce moule. Cela représente beaucoup de choses !

A contrario, la conscience inclut chaque chose et chaque personne ; elle ne juge rien ni personne. Si vous voulez vraiment être conscient, vous devez être disposé à considérer qu'une personne, ou vous-même, choisit sur le moment le bien ou le mal, tout en ayant la capacité, que tout le monde a, de choisir autre chose et de voir tout cela sans point de vue ni arrière-pensée.

Si nos parents et nos enseignants avaient vraiment voulu nous apprendre à nous diriger plus facilement dans le monde, ils auraient pu nous poser les questions suivantes : « *De quoi as-tu conscience maintenant ? Si tu fais ce choix, qu'est-ce que cela va créer ?* »

De cette manière, nous aurions pu apprendre à faire appel à notre conscience pour créer ce dont nous avons envie, au lieu d'utiliser le jugement pour savoir quoi éviter.

La formule de déblayage : un accélérateur de changement

Êtes-vous prêt à découvrir l'un des outils les plus bizarres, les plus dingues et les plus dynamiques d'*Access Consciousness* ?

Nous l'appelons la formule de déblayage. C'est un nom très littéral et direct, car cette formule peut déblayer tout ce qui vous bloque, vous limite et vous empêche d'accéder à votre grandeur véritable et à votre état naturel.

Justement, qu'est-ce que votre état naturel ? C'est quand vous sentez que des possibilités s'ouvrent à vous, que vous êtes puissant, heureux et que les choses se font aisément. La formule de déblayage vous conduit à cet état plus rapidement que n'importe quel autre outil que je connaisse.

La voici :

Right and wrong, good and bad, POD and POC, all 9, shorts, boys and beyonds®.

Si c'est la première fois que vous voyez ces mots, il est très probable que vous vous soyez dit : « Euh, quoi ? » Et c'est bien normal ! Vous n'avez pas réellement besoin de connaître cognitivement et de comprendre le sens de ces mots (c'est radical, non ?) pour qu'ils produisent un changement dans votre énergie et dans votre vie.

Mais je sais que le mental aime avoir des réponses, et si vous voulez décomposer ces mots, cette formule, la possibilité vous en est donnée vers la fin de ce livre. Vous pouvez d'ores et déjà explorer cette partie si vous le souhaitez.

Vous y êtes allé ? Vous en êtes revenu ? Super.

La manière la plus rapide de comprendre la formule de déblayage consiste à la voir à l'œuvre, ce que nous ferons dans quelques instants. Mais avant d'en arriver là, il est bon de savoir qu'elle suit toujours une question, qui a pour rôle de faire remonter l'énergie *et* qui a la brillante capacité d'ouvrir notre monde personnel à la possibilité du changement.

Maintenant, je vous pose une question :

Qu'avez-vous acheté comme étant vrai à votre sujet qui, en réalité, ne l'est pas et vous amoindrit ?

Remarquez quelle énergie cette question fait remonter : c'est toujours la première étape. Ressentez l'énergie de la question sans chercher de réponse ou de conclusion particulière.

La partie suivante dans ce processus nécessite de poser une autre question, généralement de ce genre : *seriez-vous prêt à détruire et décréer tout cela ?* En d'autres termes, êtes-vous disposé à renoncer à ce qui vous limite, à tous les sentiments, toutes les pensées, toutes les émotions, tous les jugements, toutes les conclusions, tous les calculs et à toutes les autres choses qui vous enferment dans un espace qui vous empêche d'être aussi grand, courageux et beau que vous l'êtes vraiment ?

En substance, nous préparons le terrain pour la formule de déblayage :

Right and wrong, good and bad, POD and POC, all 9, shorts, boys and beyonds.

En effet, c'est cette formule qui détruit et décrée tout ce qui remonte quand nous posons la première question.

Remarquez les mots qui sont employés dans la question juste avant la formule de déblayage : « Seriez-vous prêt… ? »

C'est essentiel. Car pour que la formule de déblayage puisse agir, vous devez être disposé à la laisser faire. VOUS devez opérer un choix pour que quelque chose puisse changer. Parfois, vous serez tout à fait prêt et disposé, et du coup, vous abattrez tous les murs, ainsi que toutes les barrières, restrictions et limitations qui se sont élevées ; mais d'autres fois, il vous faudra peut-être poser la question et répéter la formule de déblayage plusieurs fois, voire quelques dizaines de fois pour commencer à ressentir l'espace et la liberté que cela apporte.

Note : ne cherchez pas à savoir, comprendre ou être absolument certain. Quand vous vous demandez si vous êtes disposé à détruire et décréer, c'est VOUS que vous interrogez, et le choix vous appartient. D'ailleurs, il dépasse de loin votre mental cognitif. C'est un choix fait par votre être.

> *Qu'avez-vous acheté comme étant vrai à votre sujet qui, en réalité, ne l'est pas et vous amoindrit ? Allez-vous détruire et décréer tout cela ?* ***Right and wrong, good and bad, POD and POC, all 9, shorts, boys and beyonds.***

Je vous conseille de vous amuser à utiliser cette formule de déblayage quand elle vous vient à l'esprit durant votre lecture. Car après tout… et si ça marchait ? Et si elle créait facilement, rapidement et sans effort dans votre monde, votre corps, votre être, des changements que vous n'avez jamais crus possibles ?

Vous vous demandez peut-être...

Dois-je faire appel à la formule de déblayage pour créer un changement ?

Pas nécessairement. Considérez-la comme un accélérateur, un outil qui peut ouvrir votre monde et élargir vos horizons. Sans elle, vous pouvez quand même comprendre que certains de vos points de vue vous ont limité, mais avec elle, vous pouvez les transformer, et ce en un rien de temps.

Dois-je dire ces mots à voix haute ?

La formule de déblayage fonctionne que vous la disiez à voix haute, à voix basse ou silencieusement dans votre tête. Cela fonctionne également si vous utilisez la version abrégée : « POD et POC », qui signifie « point de destruction » (*point of destruction* en anglais) et « point de création » (*point of creation* en anglais).

Pardon, tu peux répéter ? Point de création, point de destruction ?

Cela nous permet de demander à l'énergie de retourner à son origine pour que nous puissions nous libérer de ses limitations et choisir autre chose. POD et POC sont les super-héros de la conscience. Ils défont tout ce que vous avez créé et qui vous a limité (POC), ou tout ce que vous avez détruit, alors que cela aurait pu créer d'autres choses pour vous (POD). Il n'y a peut-être pas une seule origine à l'énergie que vous déblayez, il y en a peut-être un milliard, mille milliards ou même un *dieulliard.*

Un *dieulliard* ?

Un *dieulliard* est un nombre si important que Dieu seul le connaît. C'est l'équivalent de stéroïdes pour la formule de déblayage. Vous remarquerez qu'il apparaît parfois dans la formule de déblayage. Il démultiplie vraiment sa puissance !

Moi qui suis déjà guérisseur, puis-je utiliser la formule de déblayage quand je travaille sur d'autres personnes ?

Absolument, je vous donnerai, au fur et à mesure de votre lecture, plusieurs manières de l'utiliser. Si vous choisissez de la dire à voix haute et de faire savoir aux gens qu'elle provient de ce livre ou d'Access Consciousness, c'est super. Mais il n'y a aucune obligation.

Au fond, la formule de déblayage est basée sur l'idée selon laquelle tout peut changer. Regardez autour de vous un objet solide : un mur, une table, une tasse de café ou un vase. Ces objets ont l'air tout à fait solides, n'est-ce pas ? Et pourtant, la science nous dit que tout est en réalité composé à 99,99 % d'espace. Ces objets paraissent solides parce que les molécules se sont disposées d'elles-mêmes de cette manière, et notre point de vue et nos attentes entretiennent cette structure.

Et si tout dans votre vie pouvait changer ? Y compris, et en particulier, vos limitations, qui semblent si solides et réelles ?

Et si vous pouviez accéder à l'espace qui est à l'intérieur de cette solidité et dépasser ces limitations ?

Utiliser la formule de déblayage ailleurs que dans ce livre

Parfois, dans votre vécu, vous percevrez une énergie limitante autour d'une situation, d'une personne ou d'un événement. Peut-être serez-vous en train de vous rendre à une réunion professionnelle, en vous demandant avec appréhension ou angoisse comment vos idées seront reçues ? Cette énergie, lourde, restrictive, peut être dissipée grâce à un POD & POC.

Ou alors vous pourriez être sur le point de faire quelque chose que vous anticipez depuis des jours ou des mois. Peut-être êtes-vous même en train de rejoindre votre meilleur ami pour dîner, ou allez-vous vous retirer dans votre endroit préféré, celui où vous êtes déjà allé une dizaine de fois, quand tout d'un coup, vous ressentez cette énergie solide et restrictive, sans savoir pourquoi. Il n'est pas nécessaire de savoir pourquoi elle est là pour l'évacuer, et vous n'avez pas non plus besoin de savoir d'où elle vient. Remarquez simplement cette énergie et utilisez le raccourci : « POD et POC, POD et POC, POD et POC. »

Le génie de cette formule de déblayage, et la raison pour laquelle je l'appelle souvent « la baguette magique », est qu'elle contribue à transformer tout ce qui vous limite, sans avoir besoin de passer des heures à faire une thérapie ni de vous analyser ou de passer votre comportement à la loupe. La croyance limitante que vous déconstruisez pourrait avoir été créée par vos soins la semaine dernière, l'an dernier ou dans une vie précédente. Peu importe. Vous pouvez la changer maintenant.

Tel est le pouvoir de la formule de déblayage : elle vous permet de faire appel au chaos malléable de la conscience pour créer une nouvelle réalité.

2e partie

Une nouvelle façon d'être

Votre parcours de guérisseur a commencé, par la présentation de l'énergie et de la conscience.

—

Et si le fait de réveiller la connexion avec votre corps était le catalyseur pour toute la suite?

—

Et si vous étiez disposé à savoir de quelle manière le corps se sert de la douleur et du mal-être pour communiquer avec vous?

—

Et si vous pouviez soulever le voile qui cache la cause première de toutes les maladies et si, en ayant cette conscience-là, vous pouviez créer un changement thérapeutique dans votre propre corps et dans ceux sur lesquels vous travaillez?

—

Qu'est-ce qui serait possible?

3.
Écouter le corps et lui parler

Prenez quelques instants pour songer à la manière dont votre rapport à votre corps a commencé, durant votre tendre enfance. Souvenez-vous en particulier de la manière dont se passaient les repas.

Qui décidait *quand* vous mangiez ? Qui décidait *ce que* vous mangiez ? Qui décidait *quelle quantité* vous mangiez ?

Est-ce que vos parents vous autorisaient à ne pas prendre de légumes et à passer directement au dessert ?

Que se passait-il si vous étiez repu, mais que vous n'aviez pas fini votre assiette ? Que se passait-il si vous aviez faim en dehors des repas ? La nourriture était-elle utilisée comme récompense pour avoir été sage ou pour vous calmer quand vous piquiez une crise ? Finir son assiette était-il considéré par vos parents comme une marque de respect, ainsi que comme un geste de compassion à l'égard des enfants des pays défavorisés qui avaient moins de chance que vous ?

Si vous avez répondu « oui » à l'une ou l'autre de ces questions, sachez que vous n'étiez pas seul !

Pourquoi nous avons cessé d'écouter notre corps

Les restrictions et les règles en rapport avec la nourriture sont fréquentes dans la plupart des familles. D'une manière générale, cela part d'une bonne intention, mais il est rare qu'une personne s'arrête pour réfléchir au message qu'elle envoie aux enfants, qui est à peu près le suivant : *écoutez de quelle manière d'autres pensent que vous devriez nourrir votre corps, au lieu de lui faire confiance, à lui qui sait intuitivement de quelle alimentation il a besoin.*

Phénomène intéressant : en l'absence d'exigence et d'attente à l'égard des enfants, ces derniers se comportent très différemment sur le plan alimentaire. On constate qu'ils grignotent : ils mangent un peu, puis vont jouer, reviennent, mangent un peu plus et retournent jouer, et ainsi de suite.

La seule chose qui empêche les enfants d'écouter ces fluctuations naturelles est le point de vue rigide des adultes, selon lequel les repas et la façon de manger doivent se dérouler d'une certaine manière.

Et si manger plus que nécessaire ou avaler ce que votre corps n'a aucun intérêt à consommer n'étaient que deux manières parmi d'autres de ne pas avoir écouté ce que votre corps essayait de vous dire ?

Et s'il y en avait une dizaine d'autres ? Ou peut-être plutôt un millier d'autres ?

Pour qui choisissez-vous ?

Songez-y : le matin, quand vous vous habillez et que vous vous retrouvez devant votre armoire à choisir votre tenue du jour, *pour qui choisissez-vous* ?

Faites-vous un choix pour vous ? Ou en pensant à d'autres personnes ?

Pendant que vous faites votre choix, tenez-vous compte de ce que les autres (vos collègues, votre partenaire ou votre maman par exemple) penseront de vos vêtements, avant de vous laisser complètement absorber par ce que vous pensez que vous *devriez* porter, sans prendre en compte ce que vous *aimeriez* porter ?

Plus spécifiquement, ne respectez-vous pas ce que votre corps *aimerait* porter ?

Car c'est parfaitement exact, votre corps a une opinion au sujet des vêtements que vous lui faites porter !

Mais nous ne pensons jamais à la lui demander.

Comment cela se fait-il ? Eh bien, de la même manière que, pendant notre enfance, nous avons reçu des messages au sujet du type d'aliments que nous devrions consommer, on nous a également inondés de points de vue au sujet des vêtements considérés comme acceptables et appropriés pour nous.

Réfléchissez, vos parents ne vous ont-ils jamais lancé un regard désapprobateur lorsque vous étiez adolescent, en vous voyant porter une tenue que vous avez choisie ? Qu'en est-il aujourd'hui ?

Si vous êtes comme beaucoup de gens que je connais et avec lesquels je travaille, il y a des chances qu'on vous regarde toujours du coin de l'œil ou qu'on vous adresse encore des critiques à peine voilées au sujet de votre apparence lors des réunions familiales :

Ah, intéressant, ton look, chérie.

Cette robe est à ta taille ?

Comment décrirais-tu cette couleur ?

De plus, à tout moment de la journée, on nous inonde, directement ou indirectement, d'opinions que nous n'avons pas sollicitées. Songez aux médias : les magazines et articles en ligne sont bourrés de conseils au sujet de ce que nous devrions porter ou pas. De ce qui est à la mode ou pas. Et après n'importe quelle cérémonie huppée de remise de récompenses, on vous décortique les tenues portées sur le tapis rouge. Certaines seront célébrées, d'autres ridiculisées.

Pourquoi est-ce que je vous parle de tout cela ?

Eh bien, quand vous songez à tous ces jugements et points de vue, ils se rapportent aux vêtements que nous mettons sur notre corps ! Nous absorbons tout cela comme des éponges, sans jamais prendre le temps de demander à notre corps ce qu'il veut.

La conscience de votre corps ne s'arrête pas aux questions concernant la nourriture et les vêtements. En effet, il a également conscience des activités auxquelles il aime participer, des personnes qu'il aime fréquenter et de celles avec lesquelles il a envie de partager une intimité.

Chaque fois que nous montons le volume pour mieux écouter les jugements, points de vue et conclusions d'autrui et que nous baissons le volume pour moins écouter notre corps, nous

nous coupons de son incroyable et bienveillante conscience… *au sujet de tout.*

Que doit faire votre corps pour capter votre attention ?

Que se passe-t-il lorsque nous n'écoutons pas notre corps ?

Quand vous vous coupez de votre corps et que vous perdez l'habitude d'écouter le langage énergétique qu'il utilise, il doit tout simplement trouver un autre moyen de vous faire part de ses besoins. C'est pour cette raison que le corps crée des raideurs, des douleurs et des maladies, tout cela pour attirer votre attention, pour exprimer sa conscience que nous n'écoutons pas.

Nous allons explorer cela beaucoup plus en détail au fur et à mesure de ce livre, mais prenez quelques instants de réflexion. Il est presque triste de voir que notre corps se donne tant. Réfléchissez à ce qu'il fait pour nous absolument tous les jours : il nous emmène d'un point A à un point B, puis d'un point B à un point C, il digère notre nourriture, combat les microbes, fait circuler le sang et l'oxygène… C'est pratiquement tout le temps lui qui est à la baguette ! Tandis que nous, nous oublions carrément qu'il en est arrivé à un stade où la douleur et la raideur sont les seuls moyens qui lui restent pour communiquer avec nous.

Mais il y a une nouvelle incroyable, révolutionnaire : vous pouvez créer un lien avec votre corps aujourd'hui, en commençant dès maintenant si tel est votre choix. Cette relation peut être nourrie et développée facilement, et tout ce processus améliorera votre vie, le fait de vivre, AINSI QUE votre activité professionnelle et votre pratique des soins.

Prêt à déverrouiller certaines portes dès maintenant ?

Êtes-vous d'accord pour utiliser la formule de déblayage ? C'est vraiment le moyen le plus rapide que j'ai trouvé pour tout changer. Elle sert à détruire et décréer tous les points de vue justes ou faux au sujet des besoins ou désirs de votre corps.

Allons-y. Lisez et remarquez l'énergie qui apparaît.

> *Tout ce que vous avez fait pour imposer un point de vue juste ou faux au sujet de l'alimentation, de la supplémentation, des vêtements et de toutes les autres choses que votre corps désire ou non, qu'il s'agisse d'un nombre d'heures de sommeil dont vous avez décidé que votre corps a besoin ou d'un aliment particulier qu'il a besoin de manger, allez-vous s'il vous plaît le détruire et le décréer maintenant ?* ***Right and wrong, good and bad, POD and POC, all 9, shorts, boys and beyonds.***

Comment était-ce ? Vous aurez peut-être envie de répéter cela plusieurs fois. Remarquez simplement ce qui se passe avec l'énergie qui remonte. Remarquez son expansion, comme s'il y avait plus d'espace qui apparaissait autour d'elle. C'est en cela que vous déblayez vos points de vue limitants. Ne vous gênez pas !

On pourrait en parler des heures, ce qui nous ferait avancer, ou alors on pourrait utiliser la formule de déblayage et soulever des montagnes.

L'inconscience et l'anti-conscience : les fondements de toutes les maladies

Toute maladie, qu'elle soit physique ou psychologique, qu'elle se traduise par une douleur, un mal, une fatigue ou un malaise, est le résultat de l'un de ces deux états ou des deux : l'inconscience et l'anti-conscience. Dans les deux cas, le jugement est l'ingrédient crucial. Nous allons parler davantage des effets du jugement tout au long de ce livre, et en particulier au chapitre 5. J'explique souvent que le jugement est dévastateur : il anéantit les possibilités et le changement.

Si l'on revient à la notion selon laquelle, dans la conscience, tout existe, rien n'est jugé et rien n'est considéré comme juste ou faux, alors cela nous permet d'un peu mieux comprendre les notions d'inconscience et d'anti-conscience. Continuons de les passer à la loupe et de comprendre en quoi elles ont un rapport avec la maladie.

L'inconscience désigne notre manière de vivre quand nous n'avons pas conscience de notre potentiel de grandeur et de notre aptitude à ne pas nous laisser tromper par les mensonges de la réalité qu'on nous a vendue. On n'est pas prêt, ou disposé, à contempler tout le champ des possibles qui s'offrent à nous. On vit avec étroitesse, sous l'emprise du jugement qui nous aveugle.

L'anti-conscience est similaire dans le sens où elle est entretenue par le jugement et où la personne anti-consciente s'est fermée à l'incroyable potentiel de sa vie ; en revanche, contrairement à l'inconscience, le facteur choix entre ici en ligne de compte.

Il s'agit d'une forme d'auto-sabotage : une personne anti-consciente pour une raison ou une autre a pris la décision de faire régresser sa conscience ou de s'en éloigner, alors même qu'elle sait, à un niveau ou à un autre, que cela va la limiter sur le plan personnel.

Il est important de remarquer que l'anti-conscience peut également être dirigée vers autrui. Là encore, elle se manifeste souvent par des jugements, et quand vous vous en rendrez compte, vous ferez preuve de sagesse lorsque les jugements d'autrui envahiront votre monde et votre être. Heureusement, il est possible d'être armé et prêt !

Ou, pour être plus exact, on peut être *conscient* d'être anti-conscient, et c'est là que réside notre pouvoir.

Quand on est conscient, on devient imperméable aux jugements d'autrui et à l'anti-conscience générale. Et, chose merveilleuse, notre corps devient beaucoup plus léger et heureux. De plus, notre santé s'améliore nettement.

Les douleurs, les raideurs, les maladies, tout cela est le résultat de l'inconscience et de l'anti-conscience. Quand on commence à comprendre cela, on peut se servir de cette prise de conscience pour créer davantage d'espace dans son corps et dans celui d'autrui.

Prêt pour une approche scientifique ?

Maladie et structure cellulaire elliptique

Vos cellules, quand elles sont saines, ont une structure sphérique. Comme toute sphère, elles sont ouvertes et absorbantes, et elles font ce qu'il faut pour nous permettre de continuer à fonctionner de manière optimale et de rester à l'abri de la maladie. Et elles font bien leur travail.

Ces dernières années, des scientifiques ont découvert que la structure sphérique de la cellule est menacée, *et transformée*, par les pensées, sentiments et émotions. Nos jugements et points de vue peuvent réellement altérer la matrice énergétique d'une cellule, de sorte qu'au lieu d'être sphérique, elle devient elliptique. Et l'enjeu est le suivant : une structure cellulaire elliptique est, d'après ces scientifiques, la base de la maladie, en particulier des raideurs, des douleurs et de toute autre manifestation physique ainsi que psychologique.

Saisissez-vous la portée de cette découverte ? Les jugements qui sont en nous, qu'ils aient été émis par nous-mêmes ou par autrui (nous reviendrons là-dessus plus en détail plus loin dans ce livre), s'intègrent à nos cellules, à notre corps et se manifestent sous forme de maladies.

Les jugements font du mal à notre corps.

Mais, bonne nouvelle, nous avons aussi les solutions pour remédier à cela et nous faire du bien.

Le remède est encore et toujours la conscience. Elle favorise en vous-même comme chez les personnes sur lesquelles vous travaillez des prises de conscience, et ainsi, en les débarrassant du facteur jugement, vous les libérez, littéralement, de ce qui les empêchait d'avancer, que ce soient des douleurs aux épaules ou dans le dos, de la fatigue, de la léthargie, de la dépression ou d'autres maux. La liste est sans fin.

Quand on est conscient, des changements dynamiques se produisent.

Quand on choisit d'être conscient, non seulement on change sa propre vie, mais en outre on propose cette option aux personnes sur lesquelles on travaille.

Et quand on associe la conscience à la formule de déblayage, notre aptitude à donner aux gens les moyens de dissoudre toute l'inconscience et l'anti-conscience qu'ils ont enfermées dans leurs cellules, leur corps et leur vie sont illimités.

Que se passe-t-il quand nous écoutons VRAIMENT notre corps ?

Quand nous commençons à écouter les corps (le nôtre et ceux d'autrui) et à leur parler, nous cessons de prédire, de supposer et de juger ce dont ils ont besoin. Et on commence à écouter, avec ouverture et sans point de vue ou jugement figés.

Votre conscience accélère. En présence d'autrui, il y a en vous une lucidité qui vous vient aisément. En un éclair, vous avez des perceptions que vous n'avez jamais eues en parlant et en pensant.

À mesure que votre relation avec votre corps se développera, vous déconstruirez beaucoup de choses qui vous auront fait souffrir et stagner.

Si vous êtes guérisseur installé, vos clients adoreront venir vous voir parce que vous contribuerez de manière phénoménale à leur vie et au fait même de vivre. Et puisque vous êtes si efficace, le bouche-à-oreille ne peut que fonctionner : vos clients raconteront à qui veut l'entendre à quel point vous êtes génial (et comment prendre rendez-vous avec vous).

En résumé, vous devenez un phare pour votre entourage, c'est-à-dire non seulement pour vos clients, mais aussi pour votre famille, vos amis et toute personne avec laquelle vous interagissez. Chez Access, nous nous sommes rendu compte il y a longtemps que la conscience est contagieuse. Alors, profitons de cette aubaine pour créer une épidémie de conscience !

Êtes-vous prêt à réveiller votre connexion naturelle avec toutes les molécules qui vous entourent ? À écouter avec de plus en plus de facilité et à ouvrir les portes fermées à double tour depuis des années ?

Devinez quoi : vous êtes déjà sur la bonne voie. Car le simple fait de lire cet ouvrage et d'être ouvert aux idées qu'il contient montre que vous êtes sur le bon chemin.

Prêt à aller plus loin ?

Vous et votre corps : comment entrer en communion

Pour moi, le mot « communion » indique un sentiment de reliance, raison pour laquelle je l'ai choisi ici. Et cette communion belle et naturelle entre vous, c'est-à-dire l'être, et votre moi physique, c'est-à-dire votre corps, nous la développons, nous la peaufinons.

Pour communier avec votre corps, il est bon de commencer à lui poser des questions en étant présent et ouvert. Puis... en écoutant.

Ça vous paraît facile ? Difficile ?

Attendez, serait-il possible que d'une manière ou d'une autre, vous sachiez déjà tout cela ?

Est-ce que ce sont des informations soit connues, soit nouvelles, qui, pour une raison ou une autre, vous paraissent familières, comme quand les différentes pièces d'un même puzzle se mettent en place ?

Serait-il possible que vous ayez toujours su que votre corps est doué de conscience et qu'aujourd'hui soit le jour où vous pouvez vraiment en prendre conscience ?

Notre point de départ consiste à demander l'avis de notre corps pour tout ce qui le concerne, que ce soit la nourriture qu'il mange, les vêtements qu'il porte ou toutes les personnes avec lesquelles il partage une intimité.

Êtes-vous en train de vous demander *où vous vous situez dans tout cela* ?

Vous qui êtes un lecteur alerte et conscient, vous êtes un être infini. Il se trouve simplement que vous avez pris forme dans le corps, ou véhicule spécifique, que vous occupez en ce moment même. Pour être tout à fait franc, bien après que votre corps aura trépassé, qu'il sera enterré ou réduit en cendres, VOUS, l'être, continuerez d'exister.

Le fait de reconnaître que vous êtes un être infini est crucial pour renforcer la communion que vous pouvez avoir avec votre corps, mais cela n'est pas toujours facile à faire... Allons un peu plus loin dans notre exploration.

Trois étapes pour entrer en communion avec son corps

Étape 1 : comprendre que l'on est infini

J'aimerais vous proposer un exercice merveilleux qui vous permettra de mieux comprendre ce concept, à savoir que vous êtes un être infini. Je vous recommande de lire ce passage en entier quelques fois, puis de prendre le temps d'essayer par vous-même.

Pour commencer, expansez-vous à 150 kilomètres autour de vous dans toutes les directions. Si vous le souhaitez, fermez les yeux et détendez-vous. Ce n'est pas votre corps physique qui connaît cette expansion, mais votre énergie, votre être.

Expansez votre être dans toutes les directions, à 150 kilomètres autour de vous.

Remarquez que vous pouvez y parvenir facilement et rapidement.

Une fois que vous y êtes, ajoutez 150 kilomètres de plus dans toutes les directions.

Remarquez que vous y arrivez. Remarquez que vous pouvez être là où vous le choisissez.

Maintenant, rajoutez 1 500 kilomètres dans toutes les directions. Et remarquez que là encore, vous êtes là.

Et maintenant, 150 000 kilomètres dans toutes les directions.

Vous voyez à quel point vous êtes infini ?

—

Comment ça s'est passé ?

Souvent, cet exercice produit une belle, longue et profonde respiration lorsqu'enfin, vous occupez l'espace que vous aimeriez occuper en tant qu'être !

Pour certains d'entre vous, ce sera peut-être la première fois que vous prendrez conscience que vous avez cette faculté ; pour d'autres, ce sera peut-être la millième fois.

Si vous êtes un tant soit peu comme moi, vous verrez que c'est toujours aussi génial.

Il faut que je vous pose une question : si un être peut connaître une telle expansion et voyager si loin en un instant, en étant aussi vaste, pourra-t-il jamais se limiter à un corps de votre taille ?

Je ne le pense pas.

L'idée que notre vie commence et se termine dans notre corps physique est l'une des croyances les plus limitantes qui nous sont vendues, et le pire est qu'en pensant que nous ne sommes que notre corps, nous en venons à le détester, car en notre for intérieur, nous savons que nous sommes immenses, même si nous continuons à faire semblant que tel n'est pas le cas.

Maintenant que vous avez goûté avec une telle aisance à votre capacité à être infini, êtes-vous prêt à vraiment laisser partir la grande croyance, à savoir que vous êtes limité par votre corps ?

> *Tous ces points de vue qui vous font croire que vous êtes limité par votre corps au lieu d'habiter l'espace extraordinairement vaste que vous êtes en tant qu'être infini, tout en gardant votre corps, allez-vous les détruire et les décréer s'il vous plaît ?* **Right and**

> ***wrong, good and bad, POD and POC, all 9, shorts, boys and beyonds.***
> *Tout ce que vous avez fait pour faire comme si vous étiez aussi petit, ce qui invalide votre être, et vous amène à détester votre corps et à être fâché contre lui, comme si c'était de sa faute si vous avez choisi de croire que vous étiez aussi petit, allez-vous détruire et décréer tout cela s'il vous plaît ?* ***Right and wrong, good and bad, POD and POC, all 9, shorts, boys and beyonds.***

Répétez ces déblayages et prenez une belle et profonde inspiration.

Vous êtes infini et aussi grand que vous le voulez. Vous avez instantanément accès à une extraordinaire spaciosité ; c'est le genre d'ouverture qui vous permet de respirer facilement et librement. Vous pouvez demander à *être* cet espace à n'importe quel moment de n'importe quelle journée.

Qu'est-ce que cela signifie pour votre corps ?

Lorsque vous jouez avec l'idée selon laquelle votre corps est votre véhicule pour cette vie-ci, vous restez relié à lui, mais l'espace de votre être n'est plus limité par lui.

Vous pouvez perdre toute la rancœur sous-jacente que vous aviez à l'égard de votre corps quand vous vous sentiez captif, et, à partir de l'espace de votre être, vous pouvez apporter des choses phénoménales à votre corps.

Comment ? Et si vous pouviez vous étendre à toute la planète dès maintenant ? Vous venez bien de le faire. Vous pouvez le refaire quand vous le voulez. Au départ, ce concept pourra vous paraître bizarre, mais si vous pouviez vous élargir à toute la planète et entrer en contact avec toutes les montagnes, tous les arbres, tous les ruisseaux, toutes les rivières, tous les océans, tous les oiseaux et ainsi de suite, à quoi est-ce que cela ressemblerait ?

À quel point votre corps serait-il plongé dans la paix ?

À quel point serait-il rempli de vitalité, de force et de guérison ?

Et si vous pouviez accéder à tout cela, tout en travaillant sur les corps des autres ? Qu'est-ce qui serait possible ?

Étape 2 : commencez à poser des questions, commencez à écouter

Une fois que vous acceptez que vous êtes un être infini dans un corps physique temporaire, qui est conscient et qui aimerait être en harmonie avec vous, vous vous familiarisez avec les idées suivantes :

C'est votre corps qui mange, et non pas vous en tant qu'être.

C'est votre corps qui porte des vêtements, et non pas vous en tant qu'être.

C'est votre corps qui a des rapports sexuels, et non pas vous en tant qu'être (enfin, espérons que vous y participiez aussi !)

Si cela vous fait beaucoup de choses à digérer, ne vous inquiétez pas ! Ne vous jugez pas si cela ne vous paraît pas encore léger ou juste. Si vous pouvez commencer à contempler l'idée selon laquelle votre corps a ses propres points de vue, que vous ne lui avez peut-être pas demandés, c'est déjà formidable.

Si vous voulez y voir plus clair à ce sujet, dites ceci :

> *Tout ce qui ne vous permet pas de commencer à demander à votre corps son avis sur tout ce qui le concerne, allez-vous le détruire et le décréer ?* ***Right and wrong, good and bad, POD and POC, all 9, shorts, boys and beyonds.***

Dès qu'il s'agit de demander à votre corps ce dont il a besoin, je vous recommande de commencer par quelque chose de très simple, par exemple la nourriture.

Souvenez-vous, c'est votre corps qui mange, pas vous. Il est donc logique de vous renseigner !

Mettons que ce soit le petit déjeuner. Vous êtes chez vous, vous entrez dans la cuisine et au lieu de préparer automatiquement votre petit déjeuner habituel, qu'en serait-il si vous preniez le temps de lui demander : *cher corps, que voudrais-tu manger ?*

Ensuite, soyez ouvert, présent et écoutez.

Interrogez-le à nouveau : *cher corps, que voudrais-tu manger ?*

Que percevez-vous ? Que captez-vous ? Votre corps voudra peut-être des œufs, du bacon, du fromage, des fruits, ou encore tous ces aliments à la fois, ou enfin aucun d'entre eux.

Peut-être votre corps n'a-t-il pas faim. Vous n'êtes pas obligé d'être en pilotage automatique et de manger, simplement parce qu'il est conventionnel ou accepté que ce soit l'heure du petit déjeuner. Et vous n'êtes pas non plus obligé de vous limiter aux aliments qui composent traditionnellement le petit déjeuner. Et si votre corps avait envie d'un reste de pâtes ? Ou de glace ? Ou de pâtes et ensuite de glace ?

Serait-il acceptable de donner cela votre corps à 8 heures du matin ?

Il n'y a qu'une seule façon de le découvrir... En la matière, il n'y a rien de juste et rien de faux, seulement des choix intéressants. Et il est clair que des pâtes froides et de la glace sont un choix intéressant pour un petit déjeuner !

Ne vous attendez pas à être parfait dès le début. Imaginez que vous ayez envie de participer à un marathon, alors que vous n'avez jamais couru de votre vie. Est-ce qu'au saut du lit vous iriez courir 42 kilomètres ou alors vous entraîneriez-vous d'abord ? C'est la même chose ici. Sauf que c'est beaucoup plus facile !

C'est grâce à l'entraînement que vous commencerez à remarquer la persévérance énergétique de votre corps.

Puis essayez avec vos vêtements. Le matin, ouvrez votre armoire et demandez : *cher corps, qu'aimerais-tu porter aujourd'hui ?*

Là encore, soyez présent, ouvert et écoutez.

Vous vous apercevrez peut-être que ce que votre corps veut porter est la dernière chose que vous auriez choisie si vous ne lui aviez pas posé la question ! Peut-être irez-vous chercher dans un coin sombre de votre placard un vêtement que vous n'avez pas porté depuis des années. Et quand vous le mettez et que vous vous regardez dans le miroir, vous êtes lumineux. C'est votre corps qui est lumineux. Pourquoi ? Parce que c'est ce que votre corps veut porter !

Quand vous portez les vêtements dont votre corps a envie, vous gardez cette lumière toute la journée. Vous vous sentez vivant toute la journée. On vous fait plus de compliments que jamais.

Pourquoi y a-t-il une différence entre ce que vous, l'être, pourriez choisir de porter et le choix que ferait votre corps ?

C'est simple : ce que vous pensez et choisissez se fonde sur vos jugements, vos projections, vos attentes et vos points de vue au sujet de ce qui est juste et faux. Votre corps, en revanche, ne tient compte d'aucune de ces références.

Il se pourrait que votre corps ait des points de vue et des idées totalement différents des vôtres, ce que vous ne saurez jamais, à moins de l'interroger.

Maintenant, si vous ne faites pas cela à la perfection dès la première, la deuxième, la dixième ou la centième fois, ne vous en voulez pas. Vous êtes en train de tisser un lien complètement nouveau avec votre corps, d'entrer en contact avec lui, ce que vous n'avez jamais fait auparavant. Certes, vous avez bien eu un rapport avec votre corps, mais comme nous autres, on ne vous a pas appris à le nourrir, raison pour laquelle il a été inaccessible pendant un certain temps.

Outre demander à votre corps ce qu'il aimerait manger et porter, vous pouvez également l'interroger sur les points suivants :

Avec qui aimerais-tu avoir des rapports sexuels ?

Qu'aimerais-tu faire aujourd'hui ?

Quel genre de mouvements voudrais-tu faire ?

Est-il temps de commencer à prendre du plaisir à insuffler une nouvelle vie dans ce lien ?

Étape 3 : soyez patient

Avez-vous déjà eu un très bon ami, avec qui vous avez ressenti un lien profond et joyeux ? L'une de ces amitiés dans lesquelles vous pouvez être totalement vous-même, sans masque, sans jouer un rôle qui ne vous convient pas, en étant simplement vous-même ?

Si vous avez perdu contact avec cet ami, imaginez que vous le renouez. Imaginez que vous l'appelez, que les années et la distance qui vous séparent fondent comme neige au soleil et que vous vous sentiez à nouveau relié à une personne qui vous a tant apporté. Cela pourrait se produire instantanément ou nécessiter une petite préparation. Il en va de même pour votre corps.

Le temps et les efforts nécessaires pour commencer à renouer le lien sont tellement minimes en comparaison avec les résultats et les récompenses phénoménaux que vous obtiendrez. Et en intégrant ces outils à votre pratique, vous pouvez vous attendre à des changements inimaginables.

Si vous faites découvrir à vos clients les trois étapes que nous venons d'explorer, eux-mêmes commenceront à établir un lien avec leur corps, ainsi qu'une unité dans laquelle il n'y a pas de place pour le jugement. Vous pouvez les aider à redonner à leur corps sa vraie place au sein de leur vie et de leur manière de vivre, ce qui vous permettra de favoriser d'incroyables guérisons et changements dans leur existence.

Mon bel ami, l'aventure a vraiment commencé

Êtes-vous prêt à vous engager à créer une communion avec votre corps ?

Pendant les trois jours qui suivent, seriez-vous disposé à demander à votre corps son point de vue au sujet de tout ce qui le concerne ? Êtes-vous prêt à reconnaître que votre corps sait ce dont il a besoin et ce qu'il désire ?

Ce qu'il y a de formidable ici, c'est que votre relation avec votre corps est une composante naturelle de vous-même et que vous ne faites que la réveiller. Elle est aussi naturelle que la respiration.

Bientôt, vous écouterez votre corps et vous discuterez avec lui sans même y réfléchir ni vous demander comment vous avez bien pu perdre contact avec lui.

4.

Le corps, un récepteur psychique

Votre corps est extrêmement intuitif. Il capte les énergies des autres : leurs émotions, leurs jugements, leurs griefs, leurs pensées, leurs idées et leurs douleurs.

Votre corps fait cela à un point tel que (attention, préparez-vous)…

Entre 50 et 100 % de ce qui se passe dans votre corps physique (les maux, douleurs et autres maladies) ne sont peut-être même pas à vous,

et

98 % de ce qui vous traverse l'esprit (vos pensées, sentiments, émotions et jugements) ne vous appartiennent pas.

La première fois que j'ai entendu ces deux chiffres, il m'a fallu un moment pour les intégrer. Par la suite, quand cette prise de conscience s'est en quelque sorte stabilisée, j'ai vécu un changement total de paradigme, associé à une belle sensation de légèreté.

Vraiment ? me suis-je demandé, *presque toutes les douleurs que j'ai subies ne m'appartiennent même pas ?!* J'ai alors éprouvé un énorme sentiment de libération.

Est-ce également vrai pour vous ? Se pourrait-il qu'une grande partie de ce qu'il y a dans votre corps et votre mental ne vous appartienne même pas ? Si tel est le cas, alors, comme moi et probablement tous les autres lecteurs, votre beau corps se comporte comme une magnifique éponge !

Le fait de savoir cela et de pouvoir travailler avec vous positionne à la pointe de votre art de la guérison, *et* cela rend votre vie

tellement

plus

simple.

Notre corps nous envoie en permanence des informations. C'est un mécanisme sensoriel. Saviez-vous que les moustaches du chat lui donnent une foule d'informations au sujet du monde qui l'entoure ? Notre corps fait pareil pour nous.

Il se peut que vous passiez dans la rue à côté de quelqu'un qui a un problème au genou et que, tout d'un coup, vous commenciez vous-même à avoir mal au genou. Pour vous, c'est inattendu, mais c'est simplement votre corps qui vous dit : *eh, cette personne a un problème au genou.* Votre corps a senti la douleur de cette personne et vous en informe. Mais vous, avant d'en avoir conscience comme c'est désormais le cas, vous pensiez que cette douleur était vôtre, ce qui est bien compréhensible.

Je ressens, donc c'est à moi

On nous fait croire que tout ce dont nous avons conscience et tout ce que nous percevons, dans notre corps comme dans notre mental, nous appartient. Notre sentiment est que *si je ressens quelque chose, c'est que c'est à moi.*

Et si tel n'était pas le cas ?

Et si ce que je vous disais était vrai, et qu'entre 50 et 100 % de ce qui se passe dans votre corps venaient d'ailleurs ou de quelqu'un d'autre ?

Et si 98 % de vos pensées, sentiments, émotions et jugements ne vous appartenaient pas ?

Songez-y quelques instants : si vous pouviez éliminer 98 % des pensées qui vous passent par la tête tous les jours, vous n'auriez à gérer que les 2 % qui vous appartiennent vraiment.

Quel cadeau incroyable ce serait ! Quelle clarté vous auriez ! Comment cela affecterait-il et changerait-il votre vie et votre manière de vivre au quotidien ?

Quand j'ai découvert Access il y a vingt ans, ces deux précieuses prises de conscience ont marqué le début d'une nouvelle manière d'être avec mon corps et avec les personnes avec lesquelles je travaillais, et elles ont entraîné un changement inimaginable.

Comment le savoir ?

Reconnaître qu'il est possible que ce que vous percevez dans votre corps et votre mental n'est peut-être pas à vous est une chose, mais comment en être *certain* ? Comment savoir si ce que vous ressentez, par exemple une douleur au genou, de la tristesse, de la colère ou une nausée, vous appartient ou non ?

Et si c'est à vous, qu'est-ce que cela implique ?

Et si ce n'est pas à vous, qu'est-ce que cela implique ?

Mon ami, c'est tellement simple.

D'abord, vous pouvez savoir si ce qui vous perturbe vous appartient ou non en… posant la question. Qui aurait cru que ce pouvait être aussi simple ?!

La question qui vous permet de le savoir est à intégrer absolument à votre boîte à outils, à partir de maintenant et si possible pour toujours.

La voici : « À qui ça appartient ? »

Vous pouvez poser la question : « à qui ça appartient ? » à tout ce que vous percevez dans votre corps ou votre mental, à n'importe quelle douleur, pensée, n'importe quel sentiment, jugement, n'importe quelle sensation… À absolument tout.

Avec un peu d'entraînement, vous commencerez à faire le tri, à décoder et à *savoir* ce qui est vraiment à vous et ce qui ne l'est pas. Et une fois que vous avez votre réponse, vous pouvez soit lâcher prise, soit accéder à la prise de conscience nécessaire pour ce faire.

Laissez-moi vous donner un exemple. Reprenons le scénario que j'ai utilisé un peu plus haut, celui d'une douleur au genou appartenant en réalité à un passant dans la rue. La première fois que vous ressentez la douleur, vous ne savez pas encore si elle est à vous ou non. Par conséquent, demandez : *cher corps, à qui appartient cette douleur au genou ?*

Si vous avez une sensation de légèreté, un soulagement de la douleur ou une sensation de spaciosité, elle n'est pas à vous. Quand c'est léger, vous savez que votre corps a capté la douleur, et la seule chose qui vous est demandée, en l'occurrence, est de la renvoyer à l'expéditeur.

Vous pouvez faire cela en disant : *ouah, cher corps, merci beaucoup pour cette prise de conscience. Comme tu es bienveillant ! Peut-on la laisser partir maintenant ?*

Puis dites la formule de déblayage : ***right and wrong, good and bad, POD and POC, all 9, shorts, boys and beyonds.***

Il n'est pas de votre responsabilité d'identifier à qui la douleur au genou appartient ou de la transformer d'une manière ou d'une autre. Votre seule tâche consiste à la *POD et POCer*, et à la laisser partir. Pour mémoire, quand je dis « POD et POC », j'utilise la formule de déblayage. Vous pouvez choisir de la dire dans sa version intégrale (comme dans l'exemple précédent) ou dans cette version abrégée : « POD et POC ». Cela fonctionne de la même manière.

Autre possibilité : vous avez mal au genou et quand vous posez la question : *à qui appartient cette douleur au genou ?*, vous avez une sensation lourde. Si cela arrive, alors vous savez que soit c'est vous qui avez créé cette douleur, soit vous avez cru qu'elle vous appartenait et vous l'avez prise sur vous (peut-être pour la guérir) par le passé. Quoi qu'il en soit, vous avez désormais les outils pour la dénouer.

Si c'est vous qui l'avez créée, elle provient d'un jugement ou d'un point de vue figé. Nous allons explorer toute la question du jugement plus en profondeur au prochain chapitre, ainsi que plus loin dans ce livre (au chapitre 10). Je vous proposerai des outils et des prises de conscience pratiques pour gérer les douleurs que nous créons nous-mêmes ou que nous avons du mal à laisser disparaître, mais pour l'instant, il vous suffit de savoir que toute douleur ou tout inconfort que vous ressentez est la manière dont votre corps a choisi de vous faire prendre conscience de quelque chose. Et si c'est vous qui l'avez créé (à défaut de l'avoir capté), alors elle a pour cause première un jugement ou un point de vue figé que vous avez rendu réel dans votre vie, mais qui ne l'est pas en réalité.

Maintenant que vous savez que cette douleur vous appartient, vous êtes dans une position privilégiée pour accéder à toute prise de conscience que votre corps essaie de vous communiquer. Et là encore, pour avoir une réponse, il faut poser une question.

Vous pouvez demander : *qu'est-ce que je ne reconnais pas et que j'enferme dans mon corps sous la forme de cette douleur ?*

Posez la question et voyez ce qui remonte. Mais vous n'êtes pas obligé d'avoir une réponse spécifique pour pouvoir évacuer cette douleur. Il vous suffit d'en ressentir l'énergie et de dire : *tout ce qui ne permettra pas à cela et à moi-même de la reconnaître, je le détruis et le décrée maintenant, fois un* dieulliard. ***Right and wrong, good and bad, POD and POC, all 9, shorts, boys and beyonds.***

Comprenez-vous que la question « à qui ça appartient ? » est un outil précieux ? Absolument tout le monde est gagnant.

La douleur ne vous appartient pas ? Vous savez quoi faire.

Elle vous appartient ? Vous savez quoi faire.

Prêt à essayer ?

Seriez-vous disposé à poser la question « à qui ça appartient ? » à toute douleur physique que vous percevrez d'ici la fin de cette journée, ainsi qu'à toute pensée, à tout sentiment et à tout jugement ?

Seriez-vous disposé à en faire de même pendant les trois prochains jours ?

La première fois que cette technique m'a été présentée, c'est ce que j'ai fait. Je l'ai utilisée constamment pendant trois jours et cela a tellement transformé ma vie que je vous recommande vraiment d'essayer vous aussi pendant trois jours. Sérieusement, cela vous détendra tellement que vous serez comme une méditation ambulante, parlante.

En vous branchant sur ce qui vous appartient et ce qui ne vous appartient pas, vous laissez aller ce dont vous n'avez pas besoin et vous avez le sentiment de peser 50 kilos de moins.

Souvenez-vous, votre objectif n'est pas d'obtenir une réponse claire à la question : « À qui ça appartient ? » Peut-être aurez-vous d'emblée une prise de conscience, peut-être pas. Ou elle pourra même devenir évidente avant que vous n'ayez fini de poser la question :

« À qui ça appart… oh, une minute… Mais bien sûr ! C'est le complexe de ma sœur, pas le mien. »

Ou encore, vous n'aurez pas la réponse et ce n'est pas un problème ; votre seule mission consiste à poser la question et à percevoir la légèreté ou la lourdeur qui s'ensuit. Encore une fois, si c'est léger, renvoyez à l'expéditeur avec un POD et POC ; si c'est lourd, demandez-vous ce que vous ne reconnaissez pas.

Si vous faites cela pour la moindre pensée ou émotion, le moindre sentiment, jugement ou point de vue, vous éliminerez les idées, points de vue et jugements d'autrui de votre mental, et… pouvez-vous sentir la merveilleuse liberté qui peut être vôtre simplement en contemplant cette possibilité ? À partir de là, vous serez habité par un magnifique sentiment de paix et de lucidité.

J'estime que la question « à qui ça appartient ? » est l'une des questions qui m'ont sauvé la vie. Je m'en suis servie comme d'un outil pour guérir de ma dépression et elle n'a jamais perdu de sa puissance ni de sa pertinence. Elle est restée un aspect fondamental de ma pratique et de ma manière de vivre. Et même, j'utilise cette technique dans presque toutes les séances que je fais, et je m'en sers toujours sur moi-même.

J'adorerais que vous exploriez cette question. Prenez le temps de demander « à qui ça appartient ? » à votre corps, et ainsi vous vous préparerez à l'utiliser avec vos clients et à obtenir d'incroyables résultats.

Nous examinerons cela de plus près au chapitre 10, mais pour l'instant, prenez plaisir à utiliser et apprécier ce magnifique cadeau que vous fait votre corps physique sensoriel.

5.

Lâcher prise sur le jugement

Je voudrais vous poser une question : combien d'outils et d'exercices parmi ceux dont je vous ai parlé jusqu'ici dans ce livre avez-vous essayés ?

Tous ?

Certains ?

Ou peut-être… aucun ? Et si tel est le cas, vous sentez-vous mal, comme si vous n'étiez pas assez engagé ? Ou culpabilisez-vous, parce que vous pensez que vous ne faites pas ce que l'on attend de vous ?

Sachez ceci : je n'ai aucune attente envers vous. Aucune exigence, aucun critère à remplir, aucun but à atteindre. Si vous avez accueilli la pratique de ces outils avec tout votre cœur, c'est bien comme ça. Si tel n'est pas le cas, là encore, *c'est bien comme ça.*

Ce qui m'intéresse, cher lecteur, est la chose suivante : que pensez-vous de votre engagement envers ce livre ? Et si l'on va plus loin et que l'on s'intéresse à d'autres aspects de votre vie, quels critères avez-vous définis pour vous-même ? Et que se passe-t-il lorsque vous ne satisfaites pas à ces critères ?

Par exemple, pensez-vous faire assez d'exercice physique ou manger assez de légumes ? Êtes-vous toujours patient avec vos enfants ? Êtes-vous le partenaire que vous pensez devoir être à l'égard de votre chère et tendre ? Êtes-vous une fille, un fils, une sœur, un frère, un·e ami·e, un·e collègue ou un·e voisin·e merveilleux·ses ? Êtes-vous super organisé et engagé dans la moindre tâche que vous accomplissez ?

Êtes-vous… parfait ?

À mon avis, non. Et c'est bien normal ! J'ai rencontré des centaines de milliers de personnes avec lesquelles j'ai travaillé, et je n'ai jamais encore rencontré quelqu'un de parfait. Je suis même pratiquement sûr que je n'en rencontrerai jamais. Et au passage, j'inclus l'homme que je vois dans mon miroir. Je l'aime beaucoup, mais il n'est pas parfait ! Attendez, je voudrais reformuler cela : je l'aime beaucoup, *et il n'est pas parfait.*

Je me suis aperçu en travaillant avec des gens du monde entier qu'il existe une croyance courante chez certaines personnes, qui estiment qu'elles devraient être parfaites ou proches de la perfection. Et quand elles ne le sont pas (remarquez que je n'ai pas écrit « si elles ne le sont pas »), elles se jugent durement.

Il y a aussi beaucoup de personnes qui ont des attentes très élevées à l'égard d'autrui, et lorsque les autres n'y satisfont pas, ces personnes se mettent à porter des jugements sévères, au point qu'elles se sentent offensées et qu'elles ont le sentiment qu'on les laisse tomber.

Le problème quand on s'attend à la perfection, ou qu'on s'attend à quoi que ce soit de concret, c'est que cela laisse peu de place pour qu'il arrive quoi que ce soit d'autre dans votre vie.

Songez aux périodes de votre vie où vous vous êtes mis en couple, ou à vos amis lorsqu'ils sont dans l'état de grâce qui suit la rencontre de M. ou Mme Parfait·e. Tout ce que le nouveau partenaire fait, dit et représente est *parfait*.

Mais vient un moment où les choses se compliquent : si vous décidez qu'une personne est parfaite, qu'arrive-t-il quand elle fait quelque chose qui n'est pas à la hauteur de cette idée de la perfection ? Vous étiez tellement persuadé par le fait qu'elle faisait ce que vous estimiez juste que tout le reste semble relever de l'échec.

Un jugement, par nature, solidifie un point de vue et, de fait, rien de ce qui ne correspond pas à ce point de vue ne peut pénétrer dans votre conscience. C'est très limitant, n'est-ce pas ?

> *Combien de jugements positifs avez-vous eus au sujet de personnes ne serait-ce que dans les trois derniers mois et qui vous ont bloqué, simplement parce que ces personnes n'étaient pas à la hauteur des jugements que vous aviez à l'égard de leur être ? Allez-vous détruire et décréer tout cela ?* ***Right and wrong, good and bad, POD and POC, all 9, shorts, boys and beyonds.***

Je l'ai déjà dit et je le répète : le jugement est dévastateur. Il anéantit les possibilités, l'espace, l'énergie, la joie et le bonheur. De plus, il est la cause numéro un des douleurs, de la souffrance et des maladies sur cette planète. Le fait que, en tant que guérisseur, vous compreniez mieux le jugement et sa nature destructrice et limitante vous place dans une position dans laquelle, à mon avis, se trouvent très peu d'autres guérisseurs sur cette planète ; et cette position vous permet de procéder à des changements dans votre monde et celui des personnes sur lesquelles vous travaillez, et ce avec une réelle aisance.

Le problème avec le jugement, c'est qu'il s'agit d'une habitude gravée en nous et que ce n'est la faute de personne si on les émet. C'est presque comme un réflexe. On nous a conditionnés à *tout* juger à notre sujet. Tout ce que nous pensons, choisissons ou faisons est qualifié de bien ou de mal, de juste ou de faux.

Et s'il n'y avait aucune obligation que les choses soient ainsi ?

Et si ce n'était pas ce que vous êtes vraiment, au-delà de tous vos conditionnements ? Et si le fait de se libérer complètement du jugement permettait en quelque sorte de rentrer chez soi, de retrouver sa vraie nature ?

Comme si, en quelque sorte, on retrouvait ses ailes ?

Car au passage, ces ailes, vous les aviez quand vous étiez bébé. À la naissance, vous ne jugiez ni vous-même ni autrui ; vous étiez une petite boule d'énergie et de lumière consciente.

Le jugement est une habitude avec laquelle, comme pour toute autre habitude, on peut choisir de rompre.

Sous peu, je vous transmettrai un ensemble d'outils dont vous pourrez vous servir pour lâcher prise sur le jugement. Mais d'abord, je voudrais explorer un peu plus en profondeur ce concept du jugement, car tout ne s'arrête peut-être pas à ce dont vous avez conscience pour l'instant.

Le jugement : une nouvelle perspective

Pour en revenir aux fondamentaux, on peut dire que le jugement est l'acte par lequel on étiquette une personne, une chose, un événement, une situation, une pensée ou quoi que ce soit d'autre, en les considérant comme bons ou mauvais, justes ou faux.

Quand vous choisissez la conscience, les polarités que sont le bien et le mal n'existent plus. Tout ce qui est dans votre vie perd ces étiquettes, qui figent et qui limitent, et devient *intéressant.*

Ainsi, tout choix que vous avez fait ou que vous ferez, qu'il ait conduit à la faillite ou qu'il vous ait permis de gagner un million est tout simplement… intéressant.

Comment percevez-vous cela ?

Nous avons l'habitude d'entendre dire que la négativité peut être dommageable, mais qu'en est-il de points de vue prétendument positifs ? Se pourrait-il que le fait de gagner un million soit simplement intéressant ?!

En tant que chercheur, et j'entends par là une personne qui est disposée à explorer au-delà des confins et limitations de cette réalité (je sais que vous-même êtes un chercheur, parce que vous êtes en train de lire ce livre), il est possible que vous essayiez depuis un certain temps de vous entraîner à ne plus avoir de pensées négatives et à n'avoir que des pensées positives. Peut-être vous êtes-vous essayé aux affirmations et à d'autres techniques permettant de cultiver un état d'esprit et un regard positifs. Si tel est le cas, l'idée selon laquelle il faut cesser d'émettre des jugements « positifs » pourrait être difficile à accepter ; mais je vous invite à me laisser aller au bout de ma pensée.

Si nous devons lâcher prise sur le jugement, nous devons prendre l'engagement de le faire pleinement, complètement.

Pourquoi ? Parce que si l'on continue d'entretenir la croyance selon laquelle certaines choses, personnes ou situations sont « bonnes », alors, par défaut, on sous-entend que certaines personnes et situations sont « mauvaises ». Et on en revient à la question des polarités : dans cette réalité, le bien ne peut exister sans le mal. Ce qui est juste ne peut exister sans quelque chose ou quelqu'un qui ne l'est pas.

Maintenant, avant d'aller plus loin, sachez que le fait de lâcher prise sur le jugement ne signifie pas que tout d'un coup, on fasse preuve de complaisance en toutes situations, ni qu'on laisse les autres nous faire des crasses, simplement parce qu'on est tellement éclairé qu'on est absolument enchanté de s'aplatir et de se laisser piétiner.

Non. Au lieu de cela, on puise dans une source beaucoup plus vaste que le jugement : la conscience.

Remplacer le jugement par la conscience

Voici le truc : vous pouvez avoir *conscience* d'une situation ou d'une personne négative qui cherche à vous limiter, sans pour autant la juger.

Et vous pouvez avoir conscience qu'une personne ou une situation positive rend votre vie plus belle, là encore, sans pour autant la juger.

La différence entre la conscience et le jugement est que ce dernier est associé à un point de vue. Mettons que vous commenciez à faire de l'exercice physique au quotidien et que vous vous sentiez merveilleusement bien. Vous jugez que ce nouveau comportement est bon et juste pour vous. Et puis... vous cessez de faire cet exercice un jour, puis deux, puis trois, puis toute une semaine. Comment vous sentez-vous ? À mon avis, vous aurez l'impression d'être un raté.

Car comment pourriez-vous *ne pas* vous sentir comme un raté dans la mesure où vous aviez décidé que l'exercice physique vous réussissait ?

Il est tout à fait possible d'avoir conscience de vous sentir bien quand vous faites régulièrement de l'exercice physique, sans pour autant juger que ce comportement est bon, juste, exemplaire ou autre. Et, de la même façon, vous pouvez remarquer qu'une personne agit égoïstement, méchamment ou impoliment.

Reconnaissez-le et voyez à quel point son comportement la limite, sans pour autant la juger. Vous vous contentez alors de le reconnaître, sans y associer une charge ni un point de vue.

Encore une fois, ce n'est pas parce que vous arrêtez de juger que cela fait de vous une chiffe molle ou que cela vous rend passif. Car en fait, lorsque vous cessez de voir le monde, autrui et vous-même de manière manichéenne, vous êtes beaucoup plus en phase avec ce qui va créer plus ou créer moins dans votre vie. Vous êtes dans votre pouvoir, dans votre puissance, comme vous ne l'aviez jamais imaginé. Vous autorisez tellement plus d'épanouissement, d'amusement, de joie et de *guérison* dans votre vie.

Voici deux déblayages pour vous aider à vous libérer de toute idée erronée que vous pouvez avoir au sujet des jugements positifs et négatifs.

> *Là où vous avez décidé que, quelle que soit la pensée positive que vous avez, elle ne doit pas être un jugement et que, quelle que soit la pensée négative que vous avez, elle doit être un jugement, allez-vous détruire et décréer cela s'il vous plaît ?* ***Right and wrong, good and bad, POD and POC, all 9, shorts, boys and beyonds.***
>
> *De combien de choses que vous estimiez négatives aviez-vous conscience au sujet des gens, par exemple le fait qu'ils sont égoïstes, malveillants ou que ce sont des voleurs ? Parmi toutes ces choses, combien étaient des prises de conscience, alors que vous pensiez que c'était des jugements, mais qui n'étaient pas des jugements, et qui étaient bel et bien des prises de conscience, mais vous aviez décidé que parce que cela semblait négatif, ce devait être mauvais ou faux et vous avez donc coupé votre conscience de ce qui fonctionnait chez la personne et ensuite, vous êtes devenu l'effet de cette personne et de ce qui fonctionne chez elle ? Tout ce qui est, fois un dieulliard, allez-vous le détruire et le décréer s'il vous plaît ?* ***Right and wrong, good and bad, POD and POC, all 9, shorts, boys and beyonds.***

Est-ce que cela vous allège ? J'ai vu tellement de personnes ressentir une liberté immense en ayant un aperçu de ce qui leur est possible quand elles lâchent prise sur le jugement. Quand rien n'est ni bon ni mauvais, mais seulement « intéressant », tout leur être devient plus lumineux et elles savent qu'elles sont en train de retrouver leurs ailes. Rien de surprenant à cela, car le jugement est un fardeau énorme, aussi bien métaphoriquement que physiquement.

L'énergie du jugement

La quasi-totalité des maladies, maux et douleurs physiques se fonde sur un ou plusieurs jugements qu'ils ont au sujet d'une situation. Ce peut être leur propre jugement, ou alors quelque chose qu'on leur a raconté et qu'ils ont cru.

Voici comment cela fonctionne : comme nous l'avons vu, le corps fait appel au langage énergétique pour essayer de communiquer avec nous, et nombreux sont ceux parmi nous, et vous en faites peut-être partie, qui ont eu beaucoup de mal à entendre cette énergie. Dès lors, elle se solidifie pour essayer d'attirer notre attention, jusqu'au jour où, par exemple, elle se manifeste sous la forme d'une épaule bloquée. *Et là*, enfin, nous la ressentons, et là, nous avons le culot de dire : « Mais comment cela a-t-il bien pu arriver ?! »

Nous pensons que ce blocage à l'épaule est apparu soudainement, alors qu'en réalité, il pourrait être le résultat de nombreuses années d'énergies accumulées, toutes ayant pour origine le jugement.

Songez quelques instants à l'énergie du jugement. Songez à ces étiquettes que nous collons sur chaque chose et chaque personne : bien ou mal, juste ou faux. Remarquez-vous qu'elles ont une lourdeur et une solidité ? Un peu comme du ciment qui est sur le point de durcir et de se solidifier. Telle est l'énergie du jugement.

Maintenant, ressentons l'énergie du mot *intéressant*. Imaginez que quelque chose ne soit ni bien ni mauvais, mais seulement intéressant. Appelons cela un *point de vue intéressant*. Quelle énergie percevez-vous ?

Ce qu'il y a de merveilleux avec cette notion de « point de vue intéressant » est qu'elle coupe complètement l'herbe sous le pied du jugement. Elle lui retire toute validité. Nous allons à nouveau explorer cet outil quelques pages plus loin pour nous aider à lâcher prise sur le jugement, mais pour l'instant, remarquez à quel point il y a davantage d'espace lorsque vous considérez qu'une personne, une situation ou un choix est intéressant.

Quelqu'un ne vous aime pas ? *Intéressant.*

Et la fois où vous vous êtes mis dans l'embarras devant une personne que vous admiriez vraiment ? *Intéressant.*

Quelqu'un trouve que vous avez mauvais goût en matière de décoration intérieure ? *Intéressant.*

Est-ce que le fait qu'une situation soit *intéressante* ne vous donne pas davantage d'espace autour d'elle ?

Un point de vue intéressant ne se solidifie pas, contrairement au jugement ; il a une énergie entièrement différente. Et voici la clé : il ne va créer aucune douleur, aucun mal, ni aucune maladie dans votre beau corps.

Savez-vous que ce vers quoi vous dirigez votre énergie, vous le recevez davantage ?

Votre corps est un peu comme un animal, ou peut-être une motte de terre. Attendez ! Ne balancez pas ce livre à travers la pièce ! Lisez-moi jusqu'au bout.

Votre corps, et le mien (!), sont similaires à une motte de terre souple et modelable, qui est là à vous dire : « Je te donnerai tout ce que tu veux, il te suffit de me dire de quoi il s'agit. Je suis prêt ! »

Que donnons-nous à notre corps ? Des jugements. Dès que nous nous regardons dans un miroir, nous balançons une série de jugements à notre corps, pourtant doux et généreux. « Beurk ! J'ai les fesses qui tombent. Et regarde-moi ces pattes-d'oie ! On dirait que j'ai des bajoues qui se forment. Et j'ai toujours détesté mes cuisses, elles sont tellement grosses… »

L'énergie lourde et intense du jugement est absorbée par notre corps qui, très désireux de nous faire plaisir et de nous offrir ce qu'il pense que nous voulons, nous donne des fesses qui tombent encore plus, des pattes-d'oie plus prononcées, des bajoues plus lourdes et des cuisses plus épaisses. Nous avons dirigé cette énergie du jugement sur notre corps avec une telle intensité que celui-ci l'absorbe et dit : « Ah ! C'est cela que tu veux ? Pas d'inquiétude, je peux faire ça pour toi. »

> *Combien de jugements avez-vous eus au sujet de votre corps ne serait-ce que dans les dernières 24 heures ? Tout cela, fois un* dieulliard, *allez-vous le détruire et le décréer ?* ***Right and wrong, good and bad, POD and POC, all 9, shorts, boys and beyonds.***

Qui ou quoi crée votre réalité ?

Certains d'entre nous croient que leurs jugements et conclusions sur le monde sont de simples faits et réflexions à son sujet. Certaines personnes croient vraiment que lorsqu'elles jugent que quelque chose est bon ou mauvais, elles disent simplement les choses telles qu'elles les voient.

Mon point de vue est que rien n'est tel que nous le jugeons. Ce sont nos jugements qui créent notre réalité. En essence, ce sont nos points de vue qui créent notre réalité, et non l'inverse.

Songez-y :

C'est votre point de vue qui crée votre réalité,
et non la réalité qui crée votre point de vue.

Ce concept change la donne. Voulez-vous l'entendre à nouveau ?

C'est votre point de vue qui crée votre réalité,
et non la réalité qui crée votre point de vue.

Songez-y quelques instants. Avez-vous déjà rencontré une personne dont la vision de la vie est vraiment négative ?

Souvent, elle se plaindra de ne pas avoir de chance, de tomber souvent malade et d'échouer fréquemment dans la vie. Et par la suite… elle est effectivement on ne peut plus malchanceuse, le moindre microbe est pour elle, et, ô surprise, elle va d'échec en échec.

Et si c'était son point de vue qui créait sa réalité ? Se pourrait-il que les choses soient aussi directes ?

C'est ce que je crois. Et vous, qu'en pensez-vous ? Si vous pouvez accueillir le concept selon lequel vous créez votre monde à l'intérieur de votre monde, vous êtes sur la bonne voie pour initier un incroyable changement.

Êtes-vous disposé à déconstruire tout jugement que vous avez dans votre corps et dans votre vie… dès maintenant ?

C'est votre volonté de vous libérer des jugements qui est le catalyseur de la grandeur transformatrice. Quand vous portez un jugement et que vous n'êtes pas disposé à passer outre, vous maintenez en l'état votre problème ou votre limitation. Et en sa présence, la seule chose que cette restriction puisse faire est de continuer à semer le chaos dans votre vie. Maux, douleurs, tristesse, souffrance et autres sont là à long terme, jusqu'au jour où ce n'est le plus le cas. Jusqu'au jour où vous faites un autre choix.

Quand vous êtes disposé à vous libérer de vos jugements, dites le déblayage qui suit. Dans les pages suivantes, je vous ferai part de beaucoup d'autres techniques pour vous permettre d'en finir avec le jugement, mais il constitue déjà un très bon point de départ pour vous et vos clients :

> *Tous les jugements que vous portez et qui sèment le trouble dans votre vie et dans votre corps, et que vous croyez ne pas pouvoir changer, allez-vous les détruire et les décréer s'il vous plaît ?* ***Right and wrong, good and bad, POD and POC, all 9, shorts, boys and beyonds.***

Prêt à vous libérer encore plus ?

Dès lors, qu'est-ce qui serait possible ?

Boîte à outils pour sortir du jugement

D'abord : STOP !

Je vous propose de vous engager dans la pratique suivante : à compter de maintenant, remarquez les moments où vous vous jugez et à quelle fréquence, et ce chaque jour. Repensez à votre journée jusqu'au moment présent, en vous posant la question suivante : vous êtes-vous déjà beaucoup jugé ? Car pour certains, le jugement commence dès le matin, quand ils se regardent dans le miroir de leur salle de bains, tandis que pour d'autres, cela débute avant même qu'ils ouvrent les yeux.

Voici votre mission : d'ici ce soir, remarquez toute pensée de jugement qui vous vient à votre sujet et dès que vous vous rendez compte que ces pensées font surface, dites-vous simplement STOP.

Il n'est pas nécessaire d'explorer davantage les choses, de se demander d'où viennent ces pensées ou d'approfondir la question d'une quelconque manière, dites-vous simplement STOP et poursuivez votre journée.

J'ai parlé de cette technique à énormément de gens, et certains me confient qu'ils aiment imaginer une main, un panneau STOP ou une autre représentation ; certains le disent à voix haute, tandis que d'autres le font intérieurement. Faites ce qui fonctionne pour vous, l'idée étant simplement… de le faire ! Voici le déblayage à effectuer ensuite :

> *Tout ce qui est et partout où j'y ai cru, je détruis et décrée cela maintenant.* ***Right and wrong, good and bad, POD and POC, all 9, shorts, boys and beyonds.***

Et si, deux secondes plus tard, vous vous surprenez à nouveau à vous juger ? Rien de plus simple : là encore, vous vous dites STOP et vous utilisez le déblayage deux, dix ou cent fois, à votre convenance. L'idée est de rompre avec le schéma de pensées, avec l'habitude, avec le cycle du jugement, ne serait-ce que quelques secondes. En en prenant conscience, vous commencez à contrôler les choses, ce qui vous permet ensuite de choisir de moins juger.

C'est dans la conscience que naît votre liberté.

S'entraîner à éliminer le jugement dans son corps est une excellente chose, car comme nous l'avons vu, nous sommes très prompts à déverser une série de jugements dans notre corps.

Si vous voulez aller plus loin, demandez-vous : *quelles sont les cinq zones de mon corps que je juge régulièrement le plus souvent ?*

Puis, chaque fois que vous vous surprenez à juger cette partie de votre corps, qu'il s'agisse de vos hanches, de vos bras, de votre ventre, de votre nez ou de vos pieds, visualisez la main ou le panneau STOP, puis dites le déblayage.

Voilà tout ! Pas besoin de faire davantage d'efforts, parce qu'il n'est pas *nécessaire* de travailler plus pour que l'espace s'ouvre dans votre vie, là où avant, il n'y avait que restriction.

Si vous voulez, faites cela pendant trois à cinq jours consécutifs, selon ce qui vous met à l'aise. Voyez ce qui se passe. Peut-être aurez-vous le sentiment que les choses peuvent en réalité changer plus facilement que vous ne le pensez.

Passer au cap supérieur

Seriez-vous également prêt à remarquer à quels moments vous portez aussi des jugements « positifs » au sujet de votre corps ?

Tout le monde ne saute pas de joie à l'idée de déconstruire les jugements « positifs », ce que je comprends : je sais à quel point il peut être difficile de se sentir bien avec soi-même dans cette réalité. Si vous ne vous sentez pas à l'aise à l'idée d'utiliser le STOP et le déblayage pour les jugements positifs, il suffit pour l'instant de simplement remarquer les moments où ce genre de jugements apparaît et peut-être de vous poser cette question : *que faut-il pour que je me libère de toute forme de jugement ?*

Souvenez-vous que vous pouvez avoir conscience que vous avez de beaux cheveux, un torse sculpté, les lèvres les plus douces qui soient, une nature profondément altruiste ou un merveilleux sens de l'humour. Il vous suffit de n'y associer aucun jugement. Vous n'avez à renoncer à rien. Faire le choix d'utiliser ces techniques ou tout autre chose dont je vous parle ne provoquera jamais en vous un sentiment d'infériorité. Je le dis souvent, parce que c'est vrai : vous n'avez rien à perdre, hormis vos limitations.

Choisissez la gratitude

Si vous cherchez un antidote au jugement, vous le trouverez *toujours* en choisissant la gratitude. Car là où il y a gratitude, il ne peut y avoir jugement. Si vous éprouvez de la gratitude à l'égard de tout votre corps et de son moindre aspect, vous constaterez qu'il vous sera vraiment très dur de le juger ! Quand vous éprouvez un sentiment appréciatif au sujet de tout ce que votre corps fait d'incroyable pour vous et avec vous, il devient très difficile de lui rendre la vie dure.

Pour faire simple : en toute situation, vous pouvez être soit dans la gratitude, soit dans le jugement. Les deux ne peuvent coexister. Chaque fois que vous choisissez la gratitude, le jugement disparaît. Et vice versa. Il est difficile d'être reconnaissant d'avoir quelque chose dont on considère que c'est insuffisant.

Si vous deviez choisir entre le jugement et la gratitude, lequel des deux apporterait le plus à vous-même et à votre corps ?

Que choisissez-vous d'être avec votre corps en ce moment même ?

Point de vue intéressant que j'aie ce point de vue

Pour en revenir à notre échange quelques pages plus haut, nous nous sommes intéressés au fait que la formule *point de vue intéressant* avait une énergie très différente de celle du jugement. Seriez-vous d'accord pour l'appliquer de manière très pratique afin de provoquer d'incroyables changements en très peu de temps ?

Songez à une contrariété que vous avez vécue au cours des deux dernières semaines, qui est toujours présente et vous tracasse. Il pourrait s'agir d'une personne, d'un événement, d'une conversation, d'une altercation ou de tout autre chose qui vous a poussé à bout. Ressentez-en l'énergie et à quel point cela vous met mal à l'aise.

Maintenant, toujours en présence de cette énergie inconfortable, dites : « Point de vue intéressant que j'aie ce point de vue. » Dites-le à voix haute ou en silence, à votre convenance.

Point de vue intéressant que j'aie ce point de vue.

Remarquez ce qui se passe au niveau de l'énergie de départ que vous venez de faire remonter. A-t-elle quelque peu changé ? Vous constaterez peut-être que ce qui était très lourd et enfermant quelques instants auparavant s'est allégé, ne serait-ce qu'un tout petit peu.

Maintenant, recommencez. Dites à nouveau à cette énergie nouvelle et plus légère : *point de vue intéressant que j'aie ce point de vue.*

Est-ce encore plus léger ? Y a-t-il davantage d'espace autour ?

Continuez : *point de vue intéressant que j'aie ce point de vue.*

Vous pouvez le dire autant de fois que vous le voulez, mais je me suis aperçu qu'en général trois fois suffisent à transformer complètement l'énergie.

Attention : cela peut devenir addictif ! Et c'est très simple.

Ce que vous vivez, c'est un espace de liberté totale, au-delà du jugement.

Ce qu'il y a de merveilleux, c'est que vous pouvez vous servir de cette technique pour n'importe quoi dans votre vie ;

elle vous libérera des jugements. Quand vous intégrez la formule *point de vue intéressant*, il n'y a rien de juste, rien de faux. Les choses sont telles qu'elles sont.

Pour moi, *point de vue intéressant* peut donner le sentiment d'incarner un énorme soupir de soulagement. La paix descend, et je commence à être un espace différent pour mon entourage, y compris les personnes sur et avec lesquelles je travaille.

Songez-y : mettez-vous à la place d'un client pendant quelques instants. Préféreriez-vous aller voir un praticien qui a, *et est*, l'énergie de *point de vue intéressant* ou être en présence de quelqu'un qui est dans le jugement et agit à partir de là ?

Je sais où va ma préférence, et je pense qu'il en est de même pour vous.

Quand vous êtes dans un espace de non-jugement pour une personne, un changement salutaire commence à s'opérer.

Pensez à une personne qui ne vous juge pas

Laissez-moi vous poser une question, celle que je pose depuis vingt ans dans mes classes à travers le monde.

Connaissez-vous une personne qui ne vous juge pas et ne pense pas que vous devriez être différent de ce que vous êtes sur le moment ?

Songez à cette personne pendant quelques instants. Qu'est-ce que cela vous fait d'être en sa présence ? N'est-ce pas incroyable ?

Si vous ne fréquentez pas actuellement une telle personne, j'en suis vraiment désolé.

Pourriez-vous être cette personne pour vous-même ?

Pourriez-vous être cette personne pour les personnes qui viennent à vous ?

C'est quand vous choisissez de guérir en étant dans l'état d'esprit *point de vue intéressant* et non dans le jugement que vous attirez les clients. Croyez-moi, vous aurez ainsi plus de rendez-vous et d'intérêt que ce que vous avez jamais imaginé. Pourquoi ? Parce que, qu'ils en aient ou non conscience, être en présence d'une personne qui ne les juge pas est l'une des principales aspirations des gens sur cette planète.

Dans votre entourage, qui avez-vous envie d'appeler quand les choses vont mal ? S'agit-il de la personne qui vous dit à quel point vos choix sont mauvais ou de celle qui vous laisse parler et grâce à laquelle le fardeau qui pesait sur vos épaules disparaît en peu de temps ?

Cette personne se comporte sans vous juger, sans avoir d'attente envers vous et sans projeter quoi que ce soit sur vous.

Et si vous pouviez être cela pour vos clients ?

C'est possible. Vous êtes passé à l'action et, de ce fait, vous commencez à l'être. Pratiquez les techniques proposées dans ce chapitre et vous deviendrez très doué pour prendre conscience des jugements qui entrent dans votre vie et vous en libérer.

Une autre possibilité

Jusqu'ici, nous avons beaucoup exploré la manière d'arrêter de juger notre corps et nous-mêmes, ce qui constitue le point de départ le plus évident.

Et si vous essayiez de voir plus loin et de remarquer également à quels moments vous jugez les autres ou leurs choix ?

À l'heure où j'écris ces lignes, nous vivons une époque de l'histoire humaine dans laquelle nombre de citoyens à travers le monde sont frustrés et en colère contre les politiciens et décideurs qui semblent diriger la planète. Aussi fâché que vous soyez contre certains hommes politiques, si vous voulez vraiment changer le monde et assumer votre véritable pouvoir de guérisseur, la chose la plus efficace que vous puissiez faire consiste à vous libérer de vos jugements à leur sujet.

Souvenez-vous : vos jugements ne font que solidifier ce qui est déjà là.

Jusqu'à maintenant, peut-être pensiez-vous que vous n'aviez que deux choix en réaction à tout événement :

- soit vous vous alignez et vous acceptez, ce qui correspond à la polarité positive,
- soit vous résistez et vous réagissez, ce qui correspond à la polarité négative.

Maintenant, vous avez conscience de l'existence d'une troisième option, vous pouvez être *point de vue intéressant*, c'est-à-dire l'option sans aucune polarité. Vous pouvez voir une situation et reconnaître simplement ce qui se passe. Avec cet état d'esprit, vous êtes dans votre pouvoir, et contrairement à ce que beaucoup vous diront, il se trouve que c'est également l'état d'esprit dans lequel vous créez les plus grands changements.

La plupart d'entre nous ont appris qu'il faut lutter contre certains intérêts ou injustices pour pouvoir changer les choses. On nous a appris qu'à moins de choisir son camp et de prendre position contre les méfaits que nous constatons à travers le monde, rien ne changera et ne s'améliorera. C'est un mensonge. Un gros mensonge.

En vérité, notre puissance réside dans le choix d'ÊTRE *point de vue intéressant* (PDVI) au sujet de ces personnes, événements et injustices auxquels nous souhaiterions remédier. Quand nous dépassons le besoin de nous battre et de prouver à quel point l'autre camp a tort, nous avons davantage de chances d'amorcer le changement. Être PDVI est ce qui nous permet d'ouvrir l'espace élargissant le champ des possibles, et c'est ainsi que l'on devient littéralement un espace de changement. Il n'y a plus besoin de lutter contre une personne ou un problème. ÊTRE est tout ce qui est nécessaire.

D'ailleurs, ne vous battez-vous pas contre les limitations depuis suffisamment longtemps ? Choisissez d'être l'espace de PDVI, et ce monde différent auquel vous aspirez commencera à apparaître sous vos yeux.

PDVI est la base de lancement de laquelle votre fusée de la guérison peut décoller. Plus vous vous rapprochez de l'espace de l'être, plus vous créez le changement, et ce plus rapidement et à plus grande échelle que vous ne l'auriez jamais imaginé.

3e partie

Une nouvelle façon de guérir

Le moment est-il venu d'approfondir votre conscience des choses et de passer au niveau supérieur ?

Et si vous compreniez encore plus de choses au sujet de votre aptitude à dialoguer avec les corps ?

Et si vous pouviez amorcer des changements fulgurants dans la vie des gens, en étant dans le laisser-être, en étant présent à l'énergie de tout ce qui les fait souffrir et en posant des questions ?

Et si vous pouviez ÊTRE la question ?

Et si vous connaissiez et compreniez vraiment la valeur de votre don, sans avoir peur de recevoir ?

6.

S'écarter de l'empathie, de l'apitoiement et du dévouement

Savez-vous ce qu'est un *empathe* ? Se pourrait-il que vous en soyez un ?

Un *empathe* est une personne qui a la capacité de guérir. J'ai donc envie de dire que toute personne qui a poursuivi la lecture de ce livre jusqu'ici est un *empathe*.

En tant qu'*empathe*, vous avez la faculté de créer des changements dans le corps et dans la vie des gens. Les transformations que vous mettez en place peuvent se faire d'une personne à une autre *et* à un niveau planétaire.

Sentez-vous poindre une objection ? Elle est très chaleureuse !

Il y a quelque chose à savoir sur les *empathes*. Il ne s'agit pas d'une critique, mais simplement d'une observation née de mes années de travail avec tant d'entre eux… et du fait que j'en suis moi-même un ! En fait, ce que je suis sur le point de vous confier fait partie du territoire connu des guérisseurs. C'est quelque chose que je faisais moi-même par le passé.

Comme nous l'avons vu au chapitre 4, quand nous cherchons à soulager les douleurs et souffrances d'autrui, nous avons la capacité de les prendre sur nous. Nous pouvons le faire pour nos proches, nos clients et même des inconnus croisés dans la rue.

Souvent, nous le faisons à notre insu : par exemple, on a une séance avec un client qui a un problème physique de type blocage à l'épaule et peu après, c'est notre propre épaule qui commence à être douloureuse. D'ailleurs, l'épaule du client va déjà beaucoup mieux, car avec votre envie d'aider, d'être là et de guérir, vous avez pris sa douleur et sa souffrance dans votre propre corps.

Cela peut également survenir avec les symptômes psychologiques. Avez-vous déjà ressenti, au contact d'une personne qui se sent déprimée, une vague de tristesse s'emparer de vous, au moment même où la personne commence, elle, à se sentir mieux ? En réalité, vous avez pris son chagrin sur vous.

D'un côté, vous faites quelque chose d'incroyable : vous guérissez les gens ! Ceux qui viennent vous voir pour changer sont ravis, parce qu'ils ressortent transformés de la séance. Mais de l'autre, le changement n'est que temporaire ; car leur douleur va revenir.

Pourquoi ? Parce qu'ils n'ont pas *choisi* de s'en libérer ; *c'est vous qui l'avez prise.* Et même si vous l'avez fait par souci de l'autre, l'élément-clé est que vous avez été animé par des sentiments d'empathie, d'apitoiement et de dévouement. Et bien que vous n'en ayez peut-être jamais eu conscience ou que vous n'y ayez même jamais songé, l'empathie, l'apitoiement et le dévouement sont des points de vue supérieurs. Pourquoi ?

Parce qu'ils vous placent *au-dessus* de la personne sur laquelle vous travaillez.

Quand vous faites preuve d'empathie ou que vous compatissez à la douleur de quelqu'un, et que vous vous dévouez afin de lui ôter sa douleur, vous faites de *vous-même* la personne la plus puissante dans l'interaction. Car c'est vous qui avez le remède, l'antidote, et l'autre a besoin de vous pour se sentir mieux.

Mettre en lumière la véritable nature de l'empathie, de l'apitoiement et du dévouement nous offre une manière totalement différente de percevoir la guérison. Et l'idée n'est absolument pas de vous donner tort de pratiquer avec empathie, apitoiement ou dévouement. Je sais que ces attitudes proviennent de votre altruisme ; mais en même temps, je sais que vous êtes capable de beaucoup plus. Et au fond, tout se résume à cela :

Le choix est un cadeau

Prenez conscience que votre travail, votre don de guérisseur, consistent à donner aux gens les moyens de faire des choix différents, et c'est *cela* la clé pour qu'ils puissent vraiment guérir. Simplement en étant vous-même, pour leur permettre de prendre conscience qu'il existe une autre possibilité.

Les techniques pour vous aider à y parvenir vous sont données dans ce chapitre et tout au long de ce livre, mais dans un premier temps, j'aimerais simplement que vous commenciez par en prendre conscience, parce qu'il s'agit en réalité d'un point de vue tout à fait radical en matière de guérison, et qui permet un changement beaucoup plus profond : quand vous prenez sur vous la douleur ou la souffrance de quelqu'un d'autre, vous lui enlevez en réalité son autonomie et *sa faculté de choisir de se libérer par lui-même.*

Le choix est la clé de la guérison, et c'est justement le libre arbitre de vos clients qui leur ouvre la porte vers une vie plus belle et sans douleur.

Je crois que nous vivons une époque où il nous est demandé de rendre les gens autonomes. Et vous, avec votre capacité à donner aux gens les moyens de faire d'autres choix, vous faites partie d'une espèce rare et merveilleuse.

Vous connaissez ce vieux dicton: « Donnez à un homme un poisson, et il aura à manger pour une journée; apprenez à un homme à pêcher, et il aura à manger toute sa vie. » C'est cela que vous faites: vous redonnez aux gens leur pouvoir pour qu'ils puissent se sentir bien, être heureux et comblés toute leur vie, et pas seulement temporairement, quand vous supprimez leurs douleurs.

Et voici la clé: si vous montrez à une personne qu'elle a la faculté de choisir de changer sa vie, c'est génial. Et si elle choisit de ne pas changer, c'est quand même génial.

Car vous ne vous punissez pas, vous ne lui adressez pas de reproche, vous n'en voulez pas à la Terre entière et vous ne renoncez pas à dialoguer avec les corps, parce qu'il est injuste et frustrant qu'une personne ne choisisse pas la conscience et le changement.

Il n'est pas de votre responsabilité de changer les gens. Et même quand vous avez sur votre table de massage une personne qui vous est chère et à laquelle vous vous sentez relié, une personne que vous comprenez totalement, une personne que vous voulez à tout prix aider. Prendre sur vous son problème ne va pas fonctionner. Jamais.

Votre don consiste à inspirer les gens et à leur donner envie de choisir le changement par eux-mêmes.

Bref, la question n'est pas de savoir ce que vous voulez. J'ai vu tellement de guérisseurs doués être bloqués par une série de jugements qu'ils portent sur leurs clients lorsque ceux-ci choisissent de ne pas changer. En toute franchise, je l'ai vu mille fois. Si cela vous rappelle quelque chose, vous pouvez utiliser ce déblayage :

> *Tout ce que vous faites pour créer le tort que vous êtes en tant que guérisseur, le tort que vous êtes en tant que personne qui facilite le changement et le tort que vous êtes en tant que personne qui est incapable de le faire suffisamment pour suffisamment de personnes en un temps suffisamment court pour changer le monde conformément à ce que vous savez possible, allez-vous le détruire et le décréer ?* ***Right and wrong, good and bad, POD and POC, all 9, shorts, boys and beyonds.***

Même s'il peut être frustrant de savoir que quelqu'un devrait être capable de faire un choix qu'il ne fait pas, en vous détachant de l'émotion que cela engendre, *de la supériorité que cela engendre*, vous pratiquez avec beaucoup plus d'aisance et d'efficacité. Car vous n'avez plus à vous dévouer à la mission qui consiste à faire changer les autres, vous n'avez plus besoin de prendre leurs souffrances dans votre propre corps simplement pour les soulager quelque peu.

Tout ce que vous avez à faire consiste à leur montrer une possibilité de transcender la douleur, en étant simplement vous-même. Et à leur montrer une possibilité de transcender leur souffrance en leur permettant de savoir qu'il n'est plus nécessaire qu'elle existe.

Voici comment : SOYEZ l'énergie

Votre don consiste à être présent aux côtés de vos clients sans les juger, en étant totalement dans la bienveillance et en voyant leur éclat et leur beauté. Soyez présent en tant qu'espace d'être totalement vulnérable. Soyez disposé à traverser toutes les épreuves et les souffrances qu'ils ont subies ou subissent encore. Soyez la source d'une possibilité plus grande, et soutenez vos clients, nourrissez-les afin qu'ils prennent conscience qu'ils ont le pouvoir de choisir.

Cette manière d'être au contact des gens crée un changement incomparable. Les choses évolueront dans leur vie, dans leur corps, dans leur monde, dans leur psyché et dans leur psychologie, alors que cela paraissait auparavant impossible. Et tout cela parce que vous occupez d'eux sans empathie ni apitoiement ni dévouement, parce que vous choisissez d'être la conscience de pouvoir tout dépasser.

Voyez en vos clients la grandeur qu'ils sont incapables de voir par eux-mêmes. Il ne s'agit pas de la verbaliser ; car c'est un espace au-delà des mots. De toute façon, les paroles, en particulier les compliments, sont très souvent rejetées. Au lieu de cela, *soyez* l'énergie de la conscience de leur grandeur. Et en même temps, *soyez* la conscience de l'énergie de tout ce que vous-même avez surmonté.

Quand vous êtes la conscience de l'énergie de tout ce qui est vraiment possible, vous donnez à vos clients les moyens de transformer tout leur monde. Les changements que vous leur permettez de créer sont absolument phénoménaux. Certains parleraient même de miracles.

7.
Guérir avec le chaos

Quand vous pensez à la manière dont les maladies affectent le corps d'un point de vue biologique, quelles images vous viennent en tête ?

Quand vous visualisez une maladie ou un virus qui s'installe dans les organes, les os et les cellules, avez-vous l'impression que le corps subit une attaque ? Que quelque chose d'ingérable et d'anarchique perturbe un système ordonné ?

Si tel est le cas, c'est parce que tel est le consensus général ; de plus, c'est le point de vue de la majorité des professionnels pratiquant la médecine et étudiant les maladies. Nous avons fait nôtre cette opinion, au point que quand nous parlons des effets d'un virus, d'une infection ou encore d'une maladie telle que le cancer, nous utilisons souvent un langage qui donne l'impression que quelque chose de chaotique se passe et remet en question le statu quo et la paix de notre corps.

Moi aussi, j'ai cru en ce point de vue : *le chaos est mauvais, l'ordre est bon*. Ces croyances fondamentales ont déterminé ma compréhension de la nature des maladies durant la majeure partie de ma vie d'adulte. En fait, ce n'est qu'au cours des cinq dernières années que j'ai pris conscience que quelque chose d'autre se passait ; je suis d'ailleurs heureux de vous en faire part, car honnêtement, cela change la donne.

J'ai toujours supposé que dans la mesure où je m'intéressais à la conscience et à l'élargissement du champ des possibles, mon travail consistait à mettre de l'ordre dans le chaos de ce monde. Je croyais que l'ordre est ce qui crée la paix, tandis que le chaos est ce qui crée l'agitation, la tourmente et la destruction.

Et puis un jour, le voile s'est déchiré et j'ai eu une prise de conscience totalement nouvelle :

Le chaos est une force créatrice qui agit en tant que catalyseur majeur du changement.

C'est dans le chaos que l'on accède à la liberté et à de nouvelles possibilités.

À vrai dire, cette prise de conscience m'a quelque peu grillé les neurones la première fois qu'elle a fait irruption dans mon univers. Avez-vous remarqué que c'est souvent le cas quand quelque chose remet en question vos croyances ? Et puis, quand j'ai commencé à l'intégrer à ma pratique, cela a commencé à tout changer.

Comment cette prise de conscience a-t-elle donc fait irruption dans mon univers ?

Comme c'est souvent le cas : par une question ; ou en l'occurrence, par beaucoup de questions. Il y a environ cinq ans, j'avais un client dont l'énergie était très lourde. Tellement lourde, tellement solide. Je n'arrivais pas à le faire accéder à un espace où il pourrait la dissoudre, et je me sentais frustré. J'ai commencé à me demander : *que faudrait-il pour que cela change ?*

Au passage, cette question est une merveilleuse technique pour les personnes sur lesquelles vous travaillez et qui ont beaucoup de mal à changer. Nous reviendrons sur cette question et sur d'autres dans quelques chapitres, quand nous nous intéresserons de plus près à l'incroyable changement que les questions peuvent amorcer chez vos clients.

J'ai évoqué cette situation avec Gary, comme nous le faisons régulièrement, et je lui ai fait part de mes frustrations. Parmi les questions qui nous sont venues, il y avait : *que faudrait-il pour que cela change ? Quelles questions faudrait-il que je pose à cette personne ? De quoi devrait-elle prendre conscience ?*

Nous savions déjà que, quel que soit le domaine dans lequel une personne ne pouvait évoluer, qu'il s'agisse d'une maladie, d'une dépression, d'un point de vue figé au sujet de l'argent, des relations amoureuses ou de tout autre aspect de sa vie, elle avait ordonné sa réalité à tel point que cette dernière était devenue immuable.

Mais il a fallu que nous allions au-delà de cette prise de conscience en nous demandant : « Si cet ordre a été créé, que faudrait-il pour que se produise un changement ? » En un clin d'œil, un mot nous est venu :

chaos.

C'était tellement léger.

C'était tellement léger que je ne pouvais le nier et que je me suis mis à rire. Et même à glousser. J'ai pris conscience que j'avais passé la grande majorité de ma vie d'adulte à essayer de mettre de l'ordre dans le monde et dans le corps des gens, alors que le chaos était l'ingrédient-clé favorisant la liberté et l'émergence de possibilités.

Avec cette seule prise de conscience, une très grande légèreté est entrée dans mon monde et a fait évoluer ma perception de ma relation avec la quasi-totalité de mes clients de l'époque (et aussi avec beaucoup d'autres personnes ne faisant pas partie de ma clientèle).

Vous savez, une fois que vous vous mettez à considérer les choses sous un angle différent, vous commencez à voir tous les domaines auxquels cette prise de conscience pourrait s'appliquer. Je me suis aperçu qu'avec mes clients, tous les scénarios dans lesquels j'avais été bloqué et incapable de contribuer à un quelconque changement avaient pour origine l'ordre. Et quand j'ai réfléchi à tous les changements que j'avais créés chez mes clients jusqu'alors, que ce soit sur le plan physique, émotionnel, financier, relationnel ou corporel – peu importe –, chaque fois qu'un changement s'était produit, c'était grâce au chaos.

Le chaos est créateur

Beaucoup associent à tort le chaos au désordre, ce qui, de mon point de vue, n'est pas du tout la même chose. Le désordre est une force destructrice qui *diminue* toujours les possibilités créatives dans la vie des gens.

En revanche, le chaos est une force créatrice de changement qui engendre toujours une augmentation des possibilités dans la vie des gens. C'est une distinction dynamique, qui peut s'avérer véritablement révélatrice.

Il y a deux ans, un ouragan a frappé mon quartier et a inondé ma maison sur un mètre de hauteur. C'était un ouragan majeur, ce qui nous a valu une médiatisation internationale. D'après de nombreux médias et de l'avis de mes voisins et proches inquiets, cet ouragan *a créé le chaos total*. Il a endommagé des maisons, coupé des lignes électriques et provoqué la fermeture d'entreprises.

Personnellement, cela a été une sacrée prise de tête, et le nettoyage ainsi que les réparations ont nécessité beaucoup d'attention et d'énergie de ma part.

Néanmoins, en reconstruisant ma maison, je l'ai *améliorée*. J'ai procédé à des changements que je n'aurais jamais envisagés si on ne m'avait pas forcé la main. J'ai porté un regard neuf sur ma maison, que j'ai davantage appréciée. Et c'est exactement ce qui se passe avec le chaos : *il crée un espace de changement même quand, au départ, le changement en question semble inopportun*. Alors qu'en réalité, *le changement est toujours opportun*. De plus, il est toujours régénérant et il a toujours un élan, comme le chaos.

En tant que guérisseur, notre travail consiste à recréer du mouvement sous forme de chaos dans la vie des gens.

Pour aller plus loin dans cette conscience des choses, examinons de plus près l'ordre et le chaos.

Gros plan sur l'ordre

Tout jugement relève de l'ordre. Ainsi que toute pensée, tout sentiment, toute émotion et tout point de vue figé. Mais aussi toute projection, toute attente, toute séparation et tout rejet. Et quand vos projections et attentes ne sont pas satisfaites, et que vous jugez vous-même, autrui et le monde dans son ensemble, vous êtes dans l'ordre, encore dans l'ordre et toujours dans l'ordre.

Chaque fois que vous jugez, rien de ce qui ne correspond pas à ce jugement ne peut entrer dans votre conscience. Quand vous jugez quelque chose, vous êtes disposé à voir les choses d'une seule manière, solide, robuste, lourde, sans capacité à évoluer ou à changer.

Cela ne signifie pas qu'au-delà, il n'y ait pas autre chose qui existe ; cela signifie en réalité que tout ce que vous êtes prêt à voir est ce qui correspond à votre jugement et à sa justesse pour vous.

Chaque fois que vous devez avoir raison, vous créez de l'ordre. Chaque fois que vous décidez que vous avez tort, vous créez de l'ordre. Et chaque fois que vous devez préserver la justesse ou le tort de votre point de vue, vous créez de l'ordre.

Au fait, quelle énergie ressentez-vous au sujet du concept d'ordre ? Avez-vous une sensation de lourdeur ou de légèreté ? Est-ce solide ou spacieux ?

Et qu'en est-il du chaos ? Quand vous mettez de côté l'idée que le chaos est violent ou destructeur, percevez-vous autour de lui une plus grande sensation de possibilités, d'espace et de liberté ?

Gros plan sur le chaos

Pour moi, la donne a changé quand je me suis rendu compte que la conscience est en fait le chaos.

Le chaos est la conscience en mouvement.

Prenez quelques instants pour songer à la nature, aux arbres, aux plantes, aux incroyables réseaux de champignons en dessous et au-dessus du tapis forestier. Pensez à la mousse, à l'herbe et aux premières pousses de jonquilles au printemps. Aux chaînes de montagnes, aux lacs, aux volcans et à la mer. Mentalement, percevez la nature. Ressentez-la dans votre corps.

Y a-t-il une intensité ?

Y a-t-il un chaos ?

Dans la nature, le chaos existe et coexiste avec la plus infime dose d'ordre possible. Le chaos est nécessaire et même essentiel à la nature, c'est juste qu'il n'est jamais étouffé ou contenu par l'ordre. Nous autres êtres humains sommes les seuls à avoir tendance à mettre trop d'ordre dans notre chaos naturel.

Le comportement des animaux est dicté par le chaos en eux, qui consiste à être en évolution permanente en fonction du moindre changement dans leur environnement. Là encore, l'ordre est présent ; et là encore, il est en quantité minimale en comparaison du chaos. L'ordre unifie leurs corps, de même que le chaos d'un arbre, de l'océan et d'un volcan est unifié par un minimum d'ordre.

N'est-il pas merveilleux de voir les choses ainsi ?

Pour aller plus loin, tournons-nous vers le ciel, et en particulier vers les étoiles, les planètes et l'énergie sombre que les scientifiques admettent ne pas encore pleinement comprendre. Le Soleil crée continuellement sa propre énergie : il est un merveilleux exemple de chaos maintenu par l'ordre.

Et si vous et votre corps étiez aussi chaotiques que la nature, les animaux ou le Soleil ?

Se pourrait-il que ce soit quelque chose de beau et d'électrisant ?

L'énergie d'être… vivant

Selon moi, le chaos est votre état naturel. Je suis certain que lorsque vous étiez bébé ou petit enfant et que vous commenciez à découvrir le monde, vous le faisiez en étant dans un état naturellement chaotique, soit sur le plan physique, en étant une pile qui dépensait beaucoup d'énergie à courir, sauter, jouer, toucher, essayer et goûter, soit sur le plan imaginaire, dans le sens où votre nature curieuse vous amenait à jouer avec des idées, histoires et concepts et à poser beaucoup de questions.

Et si nous pouvions à nouveau être cela ? Le chaos avec une juste dose d'ordre pour nous permettre de continuer à vivre sur cette belle planète.

Cette énergie, cette intensité de la vie, sont intensément chaotiques et *conscientes*, car les jeunes enfants n'ont de point de vue sur aucun sujet.

Où s'en est allé votre chaos ?

Nous avons beau être naturellement chaotiques, ce chaos se trouve, dans cette réalité, à l'intérieur d'un corps associé à un mental. Il est toujours là, mais peut-être s'est-il terni, a-t-il décliné et a-t-il été étouffé par les points de vue ordonnés provenant en permanence du monde extérieur.

La plupart d'entre nous sont désormais principalement solides, avec quelques parenthèses chaotiques. Et que sont ces parenthèses chaotiques ? Il s'agit de ces moments pendant lesquels vous avez le sentiment d'avoir vraiment la joie d'être vous-même. Peut-être allez-vous rire à l'excès, être euphorique ou être calme et centré. Cela varie chez chacun d'entre nous. Le dénominateur commun est une merveilleuse sensation de légèreté et de connexion à l'être que vous êtes vraiment.

Comment cela résonne-t-il en vous ? Pouvez-vous vous autoriser à être quelque peu chaotique ?

> *Tout ce qui ne vous permet pas d'être aussi chaotique que vous l'êtes vraiment, parce que vous avez décidé que c'était un tort et qu'on vous l'a dit, ce qui, du coup, vous a fait prendre la décision d'une part de ne jamais plus être cela, parce que vous êtes du genre guérisseur qui ne veut jamais rien faire de mal à autrui et d'autre part parce que si vous étiez chaotique, c'était un tort, au lieu de reconnaître que votre chaos était peut-être le plus beau cadeau que vous puissiez faire à toutes les personnes que vous avez connues, rencontrées et sur lesquelles vous avez travaillé, allez-vous détruire et décréer tout cela ?* ***Right and wrong, good and bad, POD and POC, all 9, shorts, boys and beyonds.***

En tant que guérisseur, quand entrez-vous en scène ?

Vous trouverez dans les chapitres qui suivent des techniques, des questions et des suggestions qui vous aideront à introduire le chaos dans votre pratique. Pour l'instant, j'adorerais que vous ressentiez simplement l'énergie du chaos et ce qu'elle crée en vous et chez les gens sur lesquels vous travaillez.

L'un des plus beaux cadeaux que vous puissiez faire en tant que guérisseur consiste à réintroduire le chaos dans des organismes qui ont été trop ordonnés ; après tout, tout processus pathologique se fonde sur l'ordre.

L'ordre est la lenteur que vous percevez chez quelqu'un dans la partie de son corps qui est endolorie, raide ou malade. C'est la lenteur que vous ressentez chez les personnes déprimées ou tristes. C'est la lenteur qui prédomine quand le chaos, cette circulation, ce mouvement naturel de l'énergie, est absent.

Quand vous réintroduisez le chaos dans votre espace de guérison, le changement que vous provoquez n'est pas linéaire. Cela dépasse de loin la simple approche A + B = C avec vos clients.

Quand le chaos prédomine, une molécule de changement peut créer tout un univers de possibilités. Quand le chaos prédomine, une question peut aboutir à une prise de conscience d'un monde totalement différent de celui qui est là.

Si l'ordre mène à l'anéantissement du champ des possibles, le chaos conduit à la destruction de l'ordre, *ainsi qu'*à un accroissement des possibilités.

En réintroduisant le chaos dans les aspects ordonnés, on commence à voir le corps des gens se mouvoir plus librement. On les voit devenir plus souples dans leurs aptitudes émotionnelles, ce qui crée une plus grande fluidité des émotions. On les voit commencer à retrouver une sensation de joie, de légèreté et de liberté.

Le chaos est le mouvement constant et le flot permanent, sans point de vue figé, sans jugement de si les choses sont justes ou fausses, bonnes ou mauvaises. Il n'y a qu'un simple mouvement énergétique.

N'est-ce pas palpitant ? N'est-ce pas libérateur ?

À vous, au chaos et à la conscience, ainsi qu'à toutes les possibilités qu'ensemble, nous pouvons créer !

8.
La congruence

Combien de fois avez-vous fait l'expérience suivante, ou de quelque chose de similaire ? Vous voyez une connaissance, non pas quelqu'un que vous connaissez intimement, mais peut-être un collègue, après un gros événement tel que Noël ou le Nouvel An, ou à son retour de vacances à Hawaï ou dans un autre lieu incroyable. Vous lui demandez si elle a passé du bon temps. Elle vous répond : « Oui, c'était merveilleux ! », mais vous n'êtes pas tout à fait sûr que ce soit la vérité. Car si ses paroles disent une chose, son énergie vous raconte une tout autre histoire.

Si vous lui demandiez : « As-tu *vraiment* passé des moments merveilleux ? », elle aurait peut-être l'air un peu surprise, mais il est probable qu'elle confirmerait : « Oui, vraiment ! »

Si vous êtes curieux (ou un peu espiègle), vous l'interrogerez peut-être à nouveau et cette fois-ci, vous vous apercevrez que la personne vacille, ou alors carrément qu'elle s'effondre, avant de laisser échapper la vérité : « Non, en fait c'était horrible ! Mon frère est venu avec sa nouvelle petite amie, elle a été très impolie avec moi et personne n'a rien dit. En plus, mon père a été désagréable avec les serveurs et cela m'a beaucoup gêné. Et tu sais quoi ? Je n'ai pas ma place dans cette famille et même, je me sens vraiment seul quand je suis avec eux et… »

Ah… Ouah ! Et ce qu'il a uniquement fallu, ce sont quelques questions qui vous ont permis de gratter la surface et d'accéder à la vérité en dessous, malgré son récit idyllique. Au passage, je ne vous suggère pas de procéder ainsi chaque fois que vous tombez par hasard sur un ami ou une connaissance. Il est mieux de s'en tenir à une première réponse. Je suis sûr qu'il vous est déjà arrivé de raconter à autrui que vous alliez bien, alors que c'était tout le contraire, car à ce moment-là, pendant la pause déjeuner, vous n'aviez pas envie de vous lancer dans une conversation approfondie au sujet de vos problèmes familiaux.

L'idée est que cela démontre à quel point il est fréquent que ce que nous affirmons *verbalement* ne corresponde pas à ce que nous exprimons *énergétiquement* : très souvent, ces deux moyens de communication ne sont pas congruents.

Dans le cadre de votre travail de guérisseur, vous vous apercevrez que très souvent, quand les gens viennent vous voir, ils vous expliqueront verbalement pourquoi ils ont pris rendez-vous avec vous et ce qu'ils voudraient que vous transformiez en eux, tandis qu'énergétiquement, ils vous diront tout autre chose.

Ce qui rend les choses un peu plus délicates, c'est que nos clients ne savent pas toujours que ce qu'ils affirment ne correspond pas réellement à ce qu'ils demandent. Ce n'est pas à dessein qu'ils nous induisent en erreur ou qu'ils dissimulent quoi que ce soit, c'est juste qu'ils n'ont pas encore la lucidité nécessaire pour comprendre les véritables raisons de leur visite.

En surface, il se peut qu'ils aient cette compréhension et peut-être nous diront-ils : « J'aimerais que vous soulagiez ma douleur à l'épaule », « J'ai besoin d'aide pour être plus confiant » ou « Je veux vraiment améliorer ma relation avec ma mère ». Et comme vous pensez que ce sont là les informations dont vous avez besoin, vous estimez avoir le feu vert de ce client et vous vous mettez à travailler sur ces problématiques.

Et puis, à la fin de la séance, vous avez le sentiment persistant que vous n'avez pas fait tout ce que vous auriez pu faire pour cette personne, et vous savez qu'elle a la même impression. Bien qu'en partant, elle se sente *plutôt* satisfaite, *plutôt* plus légère, vous savez en votre for intérieur que vous n'avez facilité qu'environ 50 % du changement que vous auriez pu créer chez cette personne.

En votre qualité de guérisseur, vous vous retrouvez alors en terrain instable : n'ayant pas conscience du décalage entre la demande de votre client et son besoin réel, vous restez à un niveau superficiel, la vérité étant que vous n'avez pas été en mesure de traiter son véritable problème ou de répondre à sa vraie demande, et que votre client lui-même n'en a pas encore conscience.

La difficulté est que beaucoup de gens n'ont pas conscience de ce dont ils ont vraiment besoin, car ils ont passé toute leur vie à se créer des désirs qui étaient fonction de ceux d'autrui, et à croire d'autres réalités, à se les approprier. Cela peut vraiment rendre la situation confuse lorsque vous travaillez avec une personne qui, au fond, n'a pas conscience de vivre derrière un masque et n'a pas accès à ses propres besoins et à ceux de son corps. Elle est aveuglée par ce qu'elle pense vouloir, et cela fait obstacle à l'émergence de la réalité bien plus belle à laquelle elle pourrait prétendre.

Et c'est là que vous intervenez !

Comprenez que l'univers intervient toujours au moment opportun. Et la conscience aussi.

Votre client est sur votre table de massage, en un jour et une heure particuliers, il vous a payé la somme demandée et c'est vous qu'il a choisi de voir, et personne d'autre. Car il y a une direction dans laquelle vous seul pouvez l'emmener, quelque chose que vous seul pouvez lui offrir. Et ce cheminement commence quand vous permettez à votre client d'accéder à ce dont il a vraiment besoin.

Gardez à l'esprit que vous pourriez bien être la première personne à faire cela pour lui, et si vous n'avez fait que lui donner de la clarté sur ce qu'il veut vraiment, c'est un merveilleux cadeau, car une fois que la personne voit, perçoit ou sait ce dont elle a vraiment besoin, elle peut commencer à transformer sa situation actuelle et à créer autre chose. C'est pourquoi c'est vous qu'elle vient voir, car vous avez cette capacité à la *voir*.

De nos jours, une des plus grandes causes de souffrance sur cette planète est liée au fait que tellement de gens ne sont pas vus tels qu'ils sont vraiment. Être disposé à explorer l'univers d'une personne signifie entrer dans cet univers, accompagner la personne, être suffisamment présent pour lui dire : « Vous savez quoi ? *Je sais* que vous savez qu'autre chose est possible. Je sais que *je sais* qu'autre chose est possible. Alors faisons notre possible pour le créer ensemble. »

Quel est votre ressenti à ce sujet ? Y a-t-il une chance qu'un manque de congruence chez votre client ait fait obstacle à ce que vous pouvez vraiment faire et créer pour lui ? Et si tel est le cas, avez-vous déjà considéré, à tort, que c'est un échec de votre part ?

Tout ce que vous avez fait pour vous donner tort en vous basant sur cet argument faussé, sur le fait que vous n'avez pas réussi à permettre à votre client de savoir ce qu'il veut vraiment, et cela avant de le lui donner, allez-vous le détruire et le décréer ? ***Right and wrong, good and bad, POD and POC, all 9, shorts, boys and beyonds.***

Je suis très heureux de pouvoir vous faire prendre conscience de cela, car sérieusement, avant de comprendre l'importance de la congruence, je m'emmêlais moi-même les pinceaux pour essayer de comprendre pourquoi certains clients n'atteignaient pas le niveau de changement auquel je voulais, de toutes mes forces, leur permettre d'accéder.

Je me disais : *bon, cette femme m'a dit qu'elle aimerait améliorer sa relation avec sa mère et j'ai fait appel à toutes les techniques que je connais pour l'aider. Sachant que ces techniques ont transformé des centaines d'autres personnes, pourquoi cette personne ne change-t-elle pas ?*

J'ai commencé à me demander : *que faut-il que je fasse ? Que faut-il que je sois ? Que faut-il que je change pour donner à cette cliente et à tous les autres clients non seulement ce qu'ils veulent, mais aussi beaucoup plus ?*

C'est à cet instant que j'ai pris conscience qu'il y a deux choses à prendre en considération quand un client m'explique ce qu'il attend de notre séance :

Est-il disposé à obtenir ce qu'il demande ?

Et

Le moment est-il venu ?

Je me suis rendu compte que chaque fois que le contenu des paroles d'une personne ne correspond pas à l'énergie que je perçois quand elle me parle, la réponse aux deux questions précédentes est non : soit elle n'est pas disposée à obtenir ce qu'elle demande, soit ce n'est pas le moment. D'autant que ce que les gens *pensent* demander ne correspond pas nécessairement à ce qu'ils demandent véritablement.

Grâce à cette prise de conscience, j'ai compris que même si ma cliente voulait améliorer sa relation avec sa mère sur le long terme, ce n'était pas cela que je devais lui apporter à ce moment-là. Sur le moment, il y avait d'autres désirs et d'autres demandes à traiter en priorité. Cette prise de conscience simple impliquait que je pouvais aider ma cliente à traiter les véritables raisons de sa présence, ce qui lui a permis de sentir que quelque chose avait dynamiquement changé en elle, même si ce n'était pas ce qu'elle AFFIRMAIT désirer.

Comment savoir si et quand la demande d'un client est conforme à ses besoins véritables ?

Demandez-le-lui ! Mais ce n'est que la moitié de la réponse. La clé est dans la perception. Examinons cela de plus près.

Demandez… et percevez

Pour savoir ce qu'une personne est disposée à recevoir de vous lors de votre séance, demandez-le-lui, puis percevez son énergie. Ensuite, il vous faudra peut-être le lui redemander et à nouveau percevoir. Puis recommencer une nouvelle fois.

Si le fait de poser une question vous permet d'accéder à la personne, le fait de percevoir l'énergie qui remonte grâce à la question vous permet de savoir si ce qu'affirme cette personne est vraiment ce qu'elle veut et ce à quoi elle est prête.

Je comprends que cela puisse vous paraître un peu intangible, en particulier si vous découvrez le travail énergétique. Aussi, je vais bientôt entrer dans les détails et vous donner quelques exemples sur la manière dont cela fonctionne pour moi.

D'abord, laissez-moi essayer de formuler à quoi cela ressemble quand les paroles d'un client correspondent bien à son énergie.

Il y a un déclic. Une *révélation*. Imaginez deux notes de musique que l'on joue et qui sonnent faux, qui ne vont pas ensemble, qui ne s'harmonisent pas. C'est la discorde totale. Le son produit est désagréable.

Et puis imaginez que l'on joue deux notes complémentaires, qui créent quelque chose d'entièrement différent. Cela a du sens, cela vous semble juste, *le son est harmonieux*.

C'est cela, la congruence, et c'est ce que cela fait lorsque l'énergie correspond à la demande.

Personnellement, l'énergie que je perçois s'étend. Il y a une sensation de légèreté et j'ai le sentiment que je peux me lancer et commencer à travailler sur-le-champ. C'est un moment palpitant, qui me tire vers le haut. C'est comme si l'univers avait lancé le moteur et me disait : « Allez, vas-y, Dain ! »

La beauté d'une question ouverte

Pour obtenir cette harmonie, cette congruence le plus tôt possible lors de votre séance, je vous recommande de commencer à poser à vos clients une question ouverte, en d'autres termes, une question qui ne limite pas leur réponse à oui ou non.

Même si vous avez vu votre client la semaine précédente et que vous avez contribué à soulager sa douleur dans le bas du dos, si vous débutez la séance par : « Alors, est-ce que nous continuons de travailler sur votre douleur dans le bas du dos ? », vous commencez par une question fermée, qui ne lui donne la possibilité de répondre que par oui ou non. Et il est très probable que la personne répondra par l'affirmative. Alors que ce dont elle a vraiment besoin de votre part dans cette séance peut être tout à fait différent des besoins de la séance précédente.

Des questions ouvertes, telles que « Sur quoi travaillons-nous aujourd'hui ? » ou simplement « Alors, comment allez-vous ? » donnent la possibilité à votre client de s'ouvrir et de se confier davantage dès le début de votre séance. Ce n'est pas pour autant que ce qui sortira de sa bouche sera conforme à la raison véritable de sa présence dans votre cabinet, mais en amorçant le dialogue, vous donnez la possibilité de commencer à vous diriger vers la raison de sa venue.

Personnellement, je pose la question suivante : « Si vous pouviez recevoir tout ce que vous voulez de cette séance, qu'est-ce que ce serait ? »

Quant à Gary, il commence simplement par : « Alors, comment ça va ? », ce qui est un excellent moyen de permettre à une personne de parler de ce qui se passe dans sa vie et de prendre conscience de ce qu'elle pourrait vouloir.

Formulez votre question de la manière qui résonne pour vous ; faites vos propres expériences et voyez quels résultats vous obtenez. Votre travail consiste à demander et percevoir, puis à voir l'univers de la personne commencer à s'ouvrir à vous à mesure que vous la guidez vers ce qui pourrait être possible.

Dans la pratique : demander et percevoir

Laissez-moi illustrer la manière dont cette technique fonctionne pour moi. Nous allons reprendre l'exemple précédent, celui de la cliente qui m'explique qu'elle veut améliorer sa relation avec sa mère.

En début de séance, je lui demande : « Si vous pouviez recevoir tout ce que vous voulez de cette séance, qu'est-ce que ce serait ? » Elle me répond : « Je veux améliorer ma relation avec ma mère. »

Pendant qu'elle verbalise cela, sur le plan énergétique, il y a très peu de réactions. Je perçois l'énergie, il n'y a aucune expansion. Rien n'est léger et il y a très peu de mouvement.

C'est l'indice qui m'amène à penser que ce n'est pas la véritable raison de sa venue ce jour-là. Si elle aspire probablement à être à nouveau en bons termes avec sa mère, ce n'est cependant pas ce sur quoi il me faut travailler ce jour-là. Soit elle n'est pas disposée à accueillir cette amélioration, soit le moment n'est pas venu.

Je poursuis : « Quoi d'autre ? », ce à quoi elle répond : « Eh bien, j'aimerais que ma situation financière s'améliore. » Et là encore, l'énergie que je perçois est toujours limitée ; l'espace est réduit.

À nouveau : « Quoi d'autre ? » Cette fois-ci, c'est comme si une clé ouvrait la porte. Elle me répond : « Vous savez quoi ?

Ce que je voudrais vraiment, c'est être *libre.* Je veux me libérer de tous les besoins et de toutes les limitations, ainsi que de l'idée que l'approbation d'autrui va me permettre de réussir ma vie. J'aimerais savoir que je peux y arriver par moi-même. »

Soudain, l'énergie passe d'un grain de sable au cosmos entier, et boum ! je sais que j'ai mis le doigt sur quelque chose que je peux vraiment travailler. Nous avons mis dans le mille et maintenant, il y a quelque chose que seul moi peux lui apporter. C'est alors que la séance démarre réellement et que je passe à l'action.

Mon travail est énergétique, le vôtre ne l'est peut-être pas. Mais si vous commencez par poser des questions permettant à vos clients d'être disposés à vous révéler la véritable raison de leur venue, vous créez un changement immédiat dans leur réalité en les ouvrant à ce qui est vraiment possible, avant même de commencer à travailler sur eux.

Votre univers interagit avec celui de votre client et il se produit un changement qui va probablement vous surprendre et même vous ébahir tous les deux.

Ayez conscience que la plupart des gens viennent vous voir pour créer un changement qui s'appuie sur la perception la plus limitée de ce qu'ils pensent pouvoir obtenir. Ils n'ont pas conscience de vivre dans un monde limité, alors qu'ils pourraient vivre dans un monde infini. C'est à vous de les guider jusque-là. Vous faites éclater la bulle qui contenait la réalité limitée à laquelle ils croyaient.

Je trouve ce concept très inspirant, parce qu'en réalité, atteindre la congruence revient simplement à être présent avec ses clients, à leur demander ce qu'ils voudraient, à le percevoir, puis à demander : *quoi d'autre ?*

Vous commencerez à créer tellement plus de choses pour ceux et celles sur lesquels vous travaillez. Votre travail n'en sera que plus épanouissant.

À partir de cet espace intérieur plus élargi et épanoui, vous pourriez vous interroger : *d'autres choses sont-elles possibles lors de mes séances ? Jusqu'où puis-je m'amuser ? Jusqu'où puis-je transformer les gens ?*

Et à quel point cela pourrait-il être plus léger et plus facile pour moi et pour toutes les personnes qui viennent me voir ?

9.

Être dans la question

Le fait de poser une question est une porte ouverte sur le changement, en toute simplicité, en toute beauté. Poser des questions permet de percevoir l'énergie, comme nous venons de l'explorer au chapitre précédent, et d'ouvrir la porte au chaos, continuel, glorieux, bénéfique et transformateur, dans notre vie.

Maintenant, nous allons examiner à quel point nous pouvons être plus efficaces quand *nous sommes la question.*

L'un des éléments essentiels de votre conscience de guérisseur consiste à rester en permanence dans la question. Et pas seulement quand vous travaillez sur quelqu'un, mais à tout moment de votre vie.

Si ce concept *d'être dans la question* est nouveau pour vous, je vous invite à ne pas trop le mentaliser. Poursuivez votre lecture, laissez-vous porter par votre curiosité, voyez ce que vous ressentez comme étant léger et ce que vous découvrez.

L'idée est la suivante : poser une question, ou être dans la question, ou simplement *être la question* est l'une des voies les plus rapides que l'on puisse prendre pour changer, à la fois pour soi-même et pour ses clients.

Une question nous permet d'aller au cœur de toute situation en un rien de temps. Les questions abattent les murs, laissent pénétrer la lumière et l'espace, ainsi que *le chaos*, et nous permettent de voir ce qui nous bloque. À partir de là, nous pouvons déconstruire et décréer tout ce qui nous limite, *et* nous pouvons également accéder aux possibilités de changement pour rendre notre vie infiniment plus belle.

Être dans la question est un élément-clé de la conscience et, dans ce domaine, tout est question de choix. Existe-t-il autre chose qu'une question pour vous donner le choix ?

Quand vous prenez conscience que vous avez le choix, c'est incroyablement libérateur, que vous en preniez conscience pour la première ou pour la millième fois. Avoir le choix signifie que vous n'êtes pas à la merci de qui ou de quoi que ce soit. Vous êtes aux commandes de votre vie et du fait de vivre, et c'est merveilleux d'être dans cet état d'esprit.

Les questions vous redonnent votre pouvoir, tandis que les réponses vous l'ôtent. Les réponses sont des conclusions, pareilles à un point en fin de phrase, à une porte fermée. Le problème est que le monde entier cherche des réponses. Et ce qui est délicat, c'est qu'en règle générale, c'est exactement ce qu'attendent de nous nos clients.

Plus délicat encore, le guérisseur donne souvent instinctivement des réponses. Nous voulons aider, et pour y parvenir, il est possible que nous ayons tendance à dresser un bilan et à prendre des décisions avec trop de hâte. Par exemple, nous percevrons peut-être en début de séance que notre client doit travailler sur sa colère et ainsi, nous décidons de la traiter à l'aide de nos techniques de prédilection.

Maintenant, nos conclusions pourraient être valables. Mais si elles ne l'étaient pas ? Et si nous avions émis une simple supposition, quoique réfléchie et ancrée dans notre formation et notre expérience ? Et si, en réalité, c'était autre chose qui se passait chez la personne et qui ne nous était pas accessible, parce que nous ne l'accompagnons pas à partir de l'espace ouvert par les questions ?

Et même si notre perception est *effectivement* correcte au sujet de la colère sous-jacente, le moment n'est peut-être pas venu de la traiter. Ou ce n'est peut-être pas la bonne séance. Que nous ayons découvert ou non la vérité, chaque fois que nous nous en mêlons et que nous commençons à guérir sans être au préalable la question, nous obtenons les mêmes résultats : la frustration et une progression lente pour notre client et pour nous-mêmes. Au mieux, la technique pourra lui apporter un soulagement temporaire, de même qu'une vis enfoncée dans un morceau de bois à l'aide d'un marteau tiendra, mais seulement brièvement, car c'est un tournevis qui est nécessaire et non un marteau.

Il est important de remarquer ici qu'en donnant des réponses à nos clients, nous revenons dans le domaine de l'empathie, de l'apitoiement et du dévouement, dont nous avons parlé au chapitre 6. Notre but, *notre cadeau*, c'est de donner le choix, ce que ne permettent pas les réponses.

Songez-y sous cet angle : une bonne partie des problèmes de nos clients est le résultat des jugements qu'ils ont émis et des conclusions qu'ils ont tirées. Leur énergie est bloquée et solide, et souvent, ils souffrent beaucoup. Quelle est la meilleure manière de les guérir ? En renforçant la solidité dans leur corps et dans leur univers par le biais de jugements et de conclusions ? Ou en apportant de l'espace, des possibilités et de l'ouverture dans leur corps et dans leur univers, grâce aux questions, aux possibilités et aux choix ?

S'il y a bien un piège dans lequel sont tombés bon nombre de guérisseurs, c'est de donner à leurs clients *leur interprétation* de ce qui se passe en eux, au lieu de leur poser des questions afin qu'ils *prennent eux-mêmes conscience* de ce qui se passe dans leur vie.

Quand vous donnez des réponses à vos clients, et en particulier si celles-ci leur rendent la vie plus belle, vous devenez la source de ce mieux-être. Ils vous considéreront comme quelqu'un de perspicace et d'avisé, et viendront vous voir pour obtenir de nouvelles réponses. Est-ce que cela leur redonne pour autant leur pouvoir ? Pas vraiment. Et même pas du tout.

Et si votre réponse, se fondant sur votre conscience des choses, n'était à côté de la plaque, ne serait-ce que de 1 % ? Vous feriez peser un mensonge sur la vie de votre client, mensonge qui pourrait rester pendant très longtemps.

Quand on pose des questions, on permet à ses clients de trouver leurs propres réponses. On leur fait un cadeau véritablement libérateur : provoquer des prises de conscience. Et la cerise sur le gâteau, c'est qu'elles restent toute leur vie.

Poser les questions crée davantage d'espace, de liberté, de joie et de chaos. C'est ainsi que l'on crée un changement bénéfique plus important, et c'est ce qui VOUS démarque en tant que guérisseur.

Questions et chaos

Le chaos est un catalyseur du changement qui est lié aux notions de mouvement, d'élan et de fluidité. Et quoi de mieux, pour maintenir cet élan, que de poser des questions, et même d'*être* la question ?

Quand on cesse de donner des réponses, des remèdes et des solutions, on peut pratiquer en étant beaucoup plus dans l'ouverture. Notez la différence entre :

« Bonjour, je vais faire un bilan pour trouver ce qui ne va pas chez vous. Puis je vous donnerai la raison de votre problème, ainsi que le remède. »

Par opposition à :

« Bonjour, je suis ici pour être la question qui vous permet d'accéder à ce qui se passe vraiment en vous. Ce n'est peut-être pas ce à quoi vous vous attendez, et cela ne ressemblera peut-être pas à ce qu'on vous a dit auparavant, mais je peux vous proposer des techniques pour ouvrir cette porte et créer une guérison et un changement phénoménaux. »

Quelle approche est la plus ouverte et la plus créatrice ?

Comment et pourquoi être dans la question fonctionne

Quand on est dans la question, on est capable de percevoir les énergies solides du jugement et des conclusions, ainsi que l'intégralité des pensées, sentiments et émotions qui sont bloqués dans l'univers de nos clients. C'est ainsi que l'on se branche sur les causes véritables des problèmes dans leur corps et au niveau de leur bien-être en général.

On ne peut percevoir ces énergies solides que quand il n'y a pas de solidité dans *notre* propre univers. Pour y parvenir, il faut être dans la question. C'est ce qui se passe quand on est dans un état d'esprit où on n'a rien à prouver, où on n'a pas besoin d'avoir raison et où on n'a pas le sentiment d'avoir tort.

C'est ce qui se passe quand on lâche prise sur tout besoin d'apporter des réponses, de trouver des remèdes ou de prouver à nos clients et au monde entier que nous sommes quelqu'un de bien, parce que quelque part au fond de nous, nous pensons être une mauvaise personne…

Suis-je à côté de la plaque ou cela vous a-t-il parlé ? Le besoin de prouver que l'on est quelqu'un de bien est un complexe fréquent chez les guérisseurs. Si la lecture du paragraphe précédent a touché une corde sensible, je vous propose d'utiliser ce déblayage :

> *Tout ce qui a fait remonter le besoin de montrer à vous-même et au monde que vous n'avez pas tort, et partout où vous le ressentez en vous, allez-vous détruire et décréer cela ?* ***Right and wrong, good and bad, POD and POC, all 9, shorts, boys and beyonds.***

Et je vous invite sincèrement à prendre conscience que VOUS ÊTES QUELQU'UN DE BIEN et que votre dignité ne dépend pas du nombre de personnes que vous aidez, guérissez ou auxquelles vous prescrivez des remèdes.

Dans la pratique : cherchez les rayons de lumière

Quand vous êtes dans la question, vous percevez l'énergie très rapidement et très efficacement. Vos sens sont aiguisés. Vous êtes lucide, dans l'aisance et la paix, et dans cet état, votre capacité à percevoir ce qui se passe vraiment avec votre client est amplifiée de manière phénoménale.

Voici comment cela fonctionne. Généralement, votre client dit quelque chose et vous remarquez qu'il s'en dégage un petit éclair énergétique, un peu comme un *tintement*, un *rayon* ou un *claquement* énergétique, selon la manière dont cela se présente à vous. Cela pourrait ressembler au tintement d'une clochette, comme pour signifier : « Coucou, ça, c'est important ! » Ce pourrait être plus visuel, sous la forme d'un éclair qui attire votre attention.

Vous pourriez percevoir cet éclair au beau milieu de l'histoire que vous raconte votre client. Alors, vous avez soudain le sentiment que : « C'EST ÇA ! *C'est ça que j'ai besoin de savoir pour l'instant.* » Votre client continue son récit, mais vous avez entendu, ou perçu, quelque chose qui va au-delà des mots. Souvenez-vous, l'énergie est votre premier langage, c'est tout ce dont vous avez besoin.

Ce que vous percevez, c'est là où la personne s'enlise énergétiquement. Et c'est en percevant les tintements sonores ou les éclairs (ou autre chose sur laquelle vous ne sauriez mettre un nom) que vous commencez à prendre conscience de ce qui solidifie le corps d'une personne, sous l'effet des points de vue qu'elle a acceptés ou qu'elle s'est appropriés. Si vous pouvez traiter et changer ces solidités, vous pouvez ramener le corps de votre client au chaos qu'il est naturellement et dans lequel il peut être heureux et en bonne santé.

Dans les chapitres suivants, nous développerons la notion d'être dans la question et je vous proposerai certaines techniques vous permettant d'entrer dans cet espace, ainsi que certains outils pour vous aider à progresser lorsque vous semblez bloqué et incapable de créer le changement que vous avez conscience de pouvoir opérer. Pour l'instant, je veux simplement vous donner une raison supplémentaire pour laquelle j'ai ce point de vue, qui est que le fait d'être dans la question est un moyen fabuleux d'être…

C'est tellement plus agréable pour vous !

Quand votre seul but est d'apporter des réponses, vous vous contentez d'appliquer des règles : étape 1, puis étape 2, puis étape 3, puis étape 4, puis… vous vous mettez à bailler à vous en décrocher la mâchoire ! Au bout d'un certain temps, vous avez l'impression d'être un robot et vous en avez assez de votre technique et de vos clients. Cet ennui et cette frustration proviennent principalement du fait que vous n'opérez pas le changement que vous êtes venu créer.

Quand vous êtes une question, vous pouvez à tout moment de la journée explorer de nouvelles possibilités avec vos clients, et c'est tellement plus agréable, dynamique et épanouissant. ET CELA *VOUS* RESSEMBLE TELLEMENT PLUS !

La création spontanée

Saviez-vous qu'à l'origine de ce livre, il y a une série de vidéos ? Quand j'ai entrepris de réaliser la première, je savais que j'avais environ 8 000 techniques que je voulais partager. Mais qui aurait envie de regarder 8 000 vidéos ?

J'ai alors procédé exactement de la manière dont je vous parle en ce moment même : j'ai réalisé cette série en étant la question, à partir d'elle. Je me suis branché sur l'énergie de toutes les personnes qui la regarderaient, et bien que sachant et bien que conscient de vouloir développer certaines de ces techniques et idées fondamentales, j'ai laissé venir les choses naturellement, en m'appuyant librement sur toutes mes techniques et mes connaissances.

Ainsi, cette série de vidéos a été conçue de manière progressive, et cela a créé tellement plus de choses que si j'avais écrit un plan détaillé de tout ce que j'avais à dire pour faire en sorte que mon public ait toutes les réponses qu'il cherchait.

Et si vous faisiez la même chose dans vos séances ?

Et si chaque information donnée par vos clients vous indiquait la direction à suivre ?

Être dans la question est ce que je fais à tous les niveaux de ma vie. La moindre technique que j'ai créée, le moindre changement que j'ai opéré, la moindre classe que j'ai animée, la moindre série que j'ai réalisée, le moindre livre que j'ai écrit n'ont pu émerger que lorsque j'étais dans la question.

Poser des questions est la clé pour créer le changement, car celui-ci ne peut se produire quand l'individu est rigide, solide.

Si cette idée de création spontanée vous donne une sensation de légèreté et vous semble palpitante, vous aurez peut-être envie de vous demander : *comment puis-je être de plus en plus la question dans ma vie ?*

Ressentez pleinement cette sensation d'aisance, de fluidité et de possibilité que pourrait présenter et être chaque moment.

Jusqu'où pourrait vous emmener le fait d'*être la question* ? Et si cela vous permettait d'accéder à des expériences inconcevables, inimaginables et indescriptibles, ainsi qu'à des choses qui dépassent votre entendement ?

N'est-ce pas électrisant ?

10.
Synthèse : pratiquer en étant dans la présence

Avant de nous aventurer plus loin, prenons quelques instants pour examiner certaines prises de conscience et certains des choix qui ont pu se présenter à vous jusqu'ici. Remarquez qu'il ne s'agit nullement d'une liste de contrôle pour vérifier si vous rentrez bien dans les cases, mais plutôt d'une liste de possibilités.

Jusqu'ici…

Il se peut que vous développiez une communion avec VOTRE corps, que vous appreniez à lui demander ce qu'il veut et que vous compreniez qu'il a des aptitudes uniques en tant que récepteur psychique.

Il se peut que vous ayez compris ce qu'était le jugement, que vous ayez réalisé qu'il était destructeur et que vous ayez commencé à choisir un état d'esprit bien plus élevé : être dans un état d'accueil avec votre corps comme avec autrui.

Il se peut que vous compreniez de plus en plus que votre don de guérisseur consiste à permettre aux gens de faire des choix dans leur vie ; et vos prises de conscience au sujet du chaos et de la notion d'être dans la question vous guident pour y parvenir.

Dans ce nouveau chapitre, nous allons développer certains des points précédemment évoqués en examinant un peu plus en profondeur comment *être* quand vous accompagnez vos clients, et comment introduire plus de chaos dans vos séances. Et nous examinerons comment exploiter davantage les aptitudes naturelles (et ô combien utiles) de votre corps en tant que récepteur psychique.

Être avec vos clients

Comment vous sentez-vous à l'idée de pénétrer dans un espace d'être ? Si vous travaillez ainsi depuis un certain temps, vous serez probablement tout à fait à l'aise ; sinon, cela pourra vous sembler quelque peu vague ou inaccessible. Cela pourra également vous faire réagir si vous vous considérez comme quelqu'un qui résout des problèmes ou qui aime *faire*.

Essayez de comprendre que le fait de créer un espace d'être avec vos clients demeure une manière tout à fait active d'amorcer le changement, et que c'est même l'une des méthodes les plus efficaces que je connaisse.

Être avec un client est en quelque sorte le fondement du dialogue subtil avec les corps. D'ailleurs, le mot « subtil » vous donne un aperçu de la nature douce et aisée de votre don et de la paix dans laquelle vous pouvez être pour guérir. S'il est vrai que vos séances et votre travail peuvent devenir puissants et intenses, c'est votre aptitude à vous défaire du jugement et à simplement être avec les personnes sur lesquelles vous travaillez qui vous permet de faire ce que vous avez à faire et de procéder à d'incroyables changements.

Peut-être le moyen le plus simple pour moi de vous raconter comment je suis avec un client consiste à simplement vous parler, en utilisant le support à ma disposition en ce moment même, les mots que je couche sur le papier, et vous verrez si cela ouvre quelque chose en vous.

Au chapitre 6, je vous ai présenté une idée : être avec son client est un antidote à l'attitude qui consiste à essayer de prescrire, de résoudre et de guérir. Pour mémoire, voici ce que j'ai écrit :

Votre don consiste à être présent aux côtés de vos patients sans les juger, en étant totalement dans la bienveillance et en voyant leur éclat et leur beauté. Soyez présent en tant qu'espace d'être totalement vulnérable. Soyez disposé à traverser toutes les épreuves et les souffrances qu'ils ont subies ou subissent encore.

Soyez la source d'une possibilité plus grande, et soutenez vos clients, nourrissez-les afin qu'ils prennent conscience qu'ils ont le pouvoir de choisir.

Maintenant, je voudrais aller un peu plus loin.

Dans la pratique : comment je SUIS avec une personne

D'abord, je fais tomber tous mes murs et toutes mes barrières. Je baisse la garde. C'est ainsi que j'entre dans cet espace d'être totalement vulnérable.

Je dissous toute résistance et toute réaction, ainsi que tout alignement et tout accord. Je suis dans un état de laisser-être et très, très éloigné du jugement.

Et je *suis*, tout simplement, avec mon client, dans cet espace clair, pur et pénétrant.

Sur le plan énergétique, je prends sa main et je lui dis : *mon frère, ma sœur, je suis là pour toi, je suis là avec toi. Quoi qu'il arrive, je suis là pour t'aider.*

Et tout simplement, je *suis* avec cette personne,

je *suis* avec elle,

je *suis* avec elle.

Je perçois ce qui se passe dans son univers, tout en ayant conscience que tout ce que je capte n'est pas à moi. Je le perçois, mais ne le ressens pas. Je ne prends pas sur moi. Ainsi, bien que je sois très proche de la personne, on pourrait aussi dire qu'il y a une distance minimale avec elle. Et c'est cette distance qui permet de percevoir à partir d'un espace plus neutre. Et c'est en cela que réside notre pouvoir. Vous faites office de témoin juste, d'observateur impartial, et votre force provient du fait que vous choisissez de ne pas vous impliquer dans ce qui se passe pour votre client.

Cela vous donne le pouvoir d'être ce que vous percevez. Vous êtes là, en phase avec la personne, et vous savez et comprenez ce qui se passe dans son univers, mais sans vous l'approprier ni adopter une position de supériorité en tant que *guérisseur*.

Énergétiquement, vous prenez votre client par la main et ensemble, vous allez de l'avant. Songez à l'époque où vous auriez aimé bénéficier d'un tel niveau d'accompagnement. Je sais que par le passé, j'ai moi-même vécu des moments où la bienveillance et la présence d'une personne qui aurait pu être là pour moi sans me juger auraient changé ma vie.

Si vous adoptez cet état d'esprit avec votre client, cela indique que vous êtes prêt à tout traverser à ses côtés, que ce soit la douleur, la peur, le doute ou ses démons. Vous savez qu'ensemble, vous pouvez réussir.

Seul, peut-être pas. Ensemble, oui, c'est possible.

Et vous *êtes* avec votre client,

vous *êtes* avec votre client,

vous *êtes* avec votre client.

Vous ne reculez pas. Vous savez que vous n'avez pas tort et rien de ce que vous percevez n'est à vous. Vous veillez sur lui, et même si vous doutez de pouvoir l'aider, vous choisissez d'essayer.

Et soudain, cette chose qui le troublait, cette chose qui lui paraissait si terrible, si violente, cette chose dont il était sûr qu'elle signait son arrêt de mort, se dissout.

Avec lui, vous avez traversé son univers et affronté tous ses démons, qui représentaient ce qu'il ne pouvait faire et être.

Avec lui, en étant présent, en ne vous appropriant pas ses démons et sa souffrance, en voyant qu'il est un véritable cadeau, vous avez commencé à dissoudre tout cela.

Si vous choisissez de faire *et d'être cela* pour vos clients, vous pouvez procéder à des changements phénoménaux dans leur vie. Jamais plus ils ne se rabaisseront devant ces peurs, ces douleurs et ces doutes.

Une fois à destination, parlez-leur ; évoquez un changement dans leur corps, dans leur psyché, dans leur niveau de paix, de joie, dans leur champ des possibles. Parlez-leur d'un changement qu'ils se savent désormais capables d'accomplir dans le monde.

Vous les avez guidés et leur avez permis d'affronter leur plus grande peur ; et c'est *en les accueillant et en les accompagnant* que vous leur permettez d'aller au bout. Désormais, ils savent que leur plus grande peur ne pourra jamais plus les limiter, les détruire ou les anéantir d'une quelconque manière.

Vous venez de leur donner les moyens de vivre dans une réalité différente.

N'est-ce pas incroyable ? N'est-ce pas pour cela que vous êtes ici ?

Dans la pratique : le chaos

Chaos : mouvement énergétique constant et infini. Conscience pure en mouvement.

Ordre : solidité de l'énergie. Solidité de tout point de vue qui paraît immuable et aboutit à la douleur, à la raideur et à la maladie.

Heureusement, nous sommes désormais conscients du fait que le chaos a la capacité de changer les points de vue ordonnés, figés ou bloqués, et de libérer nos clients, ainsi que nous-mêmes, de la souffrance et de la limitation.

Vous savez que vous êtes brillant à ce point, n'est-ce pas ?

> *Tout ce qui vous empêche de savoir que vous avez cette conscience, cette possibilité et ce génie vous permettant de ne pas avoir à acheter le point de vue figé de quelqu'un sur ce qui se passe, car souvenez-vous, un point de vue figé est ordonné, tout ce qui vous empêche d'être conscient que vous n'êtes pas obligé d'acheter son point de vue figé, que vous pouvez adopter un point de vue relevant du chaos, à savoir « comment changer cela le plus simplement possible », allez-vous le détruire et le décréer ?* ***Right and wrong, good and bad, POD and POC, all 9, shorts, boys and beyonds.***

Comment introduire le chaos dans ces systèmes ordonnés ?

Il suffit de poser des questions.

Quand vous posez des questions, vous ouvrez le champ des possibles dans une réalité ordonnée.

Même par le simple fait de commencer vos séances par une question ouverte vers la congruence, vous installez d'emblée un peu de chaos.

Une question vous redonne toujours votre pouvoir et crée de nouvelles possibilités. Tandis qu'une réponse vous l'enlève et diminue les possibilités. Et bien sûr, ce sont les réponses qui, à l'origine, créent le problème. Car une réponse amène à tirer *des conclusions et à ne pas aller plus loin.* Je sais que vous comprenez que la vie et la conscience ne s'arrêtent pas là.

Quand vous travaillez sur un client, vous pourriez vous demander :

Quel chaos mon corps et moi-même
pouvons-nous être pour changer cela dans
le corps et la réalité de cette personne ?

Il y a une autre question merveilleuse, qui est l'une de mes préférées : *quelles sont les possibilités infinies lors de cette séance ?*

Poser des questions vous permet d'ouvrir des portes qui ne semblaient pas exister auparavant, et cela permet au chaos, ainsi qu'à la guérison, à la transformation, à la joie et aux possibilités qui dépassent de très loin le dysfonctionnement ordonné qu'ils ont adopté, d'entrer dans l'univers des gens.

Tant de personnes essaient d'ordonner leurs choix pour leur donner une réalité. Presque toutes les choses sur lesquelles vous travaillerez en temps qu'énergéticien proviendront de là.

Ces personnes ne se souviennent pas de l'avoir fait, elles n'ont pas la moindre idée de la façon d'en changer et elles n'imaginent pas que quoi que soit d'autre soit possible.

À vous de leur montrer le chemin. À vous d'être cet espace d'être en leur compagnie, sans les juger, en leur permettant d'accéder à toutes les possibilités du chaos.

À vous d'*être* avec elles de telle sorte qu'elles commencent à prendre conscience de ce qu'elles ont choisi. Elles se rendront alors compte qu'elles ont choisi une situation pour obtenir un résultat spécifique. À vous d'*être* avec elles de telle sorte qu'elles prennent conscience qu'elles peuvent faire un autre choix.

En un sens, comme vous *êtes* avec elles, vous leur communiquez le message suivant : *vous n'êtes plus obligé de porter ce lourd fardeau de l'ordre.* Et une fois que la personne le reconnaît, demandez-lui : *quelle possibilité chaotique pourrait apporter autre chose dans votre vie ?*

Dans le chaos, un seul changement dans un système ordonné peut provoquer l'émergence d'un milliard de possibilités.

Le chaos est un mouvement continu vers de plus vastes possibilités. Ce dont a actuellement besoin le monde, c'est de personnes qui savent qu'il existe une autre possibilité que la solidité, et qui tendent vers le mouvement perpétuel.

Des personnes comme vous, cher lecteur, cher guérisseur.

Votre corps fonctionne grâce au chaos : un exemple tiré de la médecine occidentale

Il y a un certain temps, une de mes amies avait des problèmes de santé qui l'ont amenée à devoir envisager de se faire retirer l'utérus. Elle connaît Access Consciousness et avait déjà utilisé certaines des techniques dont je vous ai fait part dans ce livre pour l'aider dans son parcours de guérison.

Pensez-vous qu'elle n'aurait pas dû avoir besoin de se faire opérer, parce qu'elle avait accès à toutes ces techniques transformatrices ? Ou que j'aurais pu guérir sa maladie en travaillant sur elle ?

Certes, j'ai travaillé sur elle, et j'ai fait quelque chose de chaotique. J'ai demandé le point de vue de son corps au sujet d'une éventuelle opération : *chers corps, as-tu besoin de cette opération ? Est-ce que cela va t'aider ou te nuire ?*

J'ai reçu une réponse claire : *je veux cette opération, j'en ai besoin, c'est ce qu'il me faut en ce moment pour m'aider à faire ce que je n'arrive pas à faire seul.*

Quand j'ai transmis cette information à mon amie, elle m'a répondu qu'elle avait déjà posé la question à son corps et qu'elle avait eu la même prise de conscience. Elle était toujours quelque peu hésitante, ce qui est compréhensible, et elle se demandait si l'on pourrait faire évoluer sa maladie, grâce à la conscience et aux techniques d'Access.

Je lui ai répondu qu'on pourrait peut-être le faire, ou pas, mais qu'à ce moment-là, ce n'était pas la question : « Pour l'instant, au vu de la situation durant ces dix secondes de ta vie, ton corps veut apparemment faire cette opération. »

Encore une fois, elle a perçu la même chose. Elle a alors pris la décision de se faire opérer. Par la suite, il est resté une marque sur son ventre, et elle a demandé à son médecin si on pouvait y remédier.

La réponse de ce médecin a été merveilleuse : « Laissez votre corps gérer la situation. Il fonctionne grâce au chaos et il va se réorganiser exactement comme il en a besoin. Votre organisme sait ce qu'il fait. Nous l'avons simplement aidé. »

Ça, c'est un médecin fabuleux.

Conversations avec des clients en phase terminale

Je voudrais prendre quelques instants pour parler du cancer, car quand on est en première ligne et que l'on travaille avec la maladie, c'est une question qui revient souvent et qui peut être très intense, en particulier quand on a diagnostiqué à votre client qu'il était en phase terminale.

Ces cas peuvent sembler difficiles à gérer, parce qu'ils font appel à votre nature spontanément bienveillante et à votre désir d'aider ces corps en souffrance. Gérer les phases terminales est délicat pour le guérisseur, raison pour laquelle je souhaite avoir cette conversation.

En préambule, j'ai envie de dire : je vous en prie, ne promettez pas à un client que vous pouvez le guérir de sa maladie, ou de toute maladie d'ailleurs. Si vous avez envie d'apporter votre soutien par quelques mots, vous pouvez lui dire que vous serez peut-être capable de créer un changement lui permettant d'accéder à d'autres choix.

En fait, le cancer est une forme d'ordre, même si les médecins vous diront que c'est une forme de chaos. Le cancer est le résultat d'un point de vue extrêmement ordonné qui se reproduit dans la réalité physique et physiologique du client.

Je voudrais vous faire part de la question que je pose à n'importe lequel de mes clients auquel on a diagnostiqué qu'il était en phase terminale. Peut-être aurez-vous envie d'essayer de voir si elle pourrait vous réussir.

La voici :

De quoi mourez-vous d'envie de vous tirer ?

Cette question suscitera presque toujours une réaction forte. Il est très peu probable que qui que ce soit ait déjà posé cette question à votre client, et il est tout aussi improbable que ses pensées se soient tournées dans cette direction, en tout cas pas d'une manière dont il puisse être conscient. Poser une question telle que *de quoi mourez-vous d'envie de vous tirer ?* aboutit presque toujours à une réponse ou à une affirmation de type : « J'ai envie de vivre. »

Quand cela se produit, j'accepte la réponse du client et j'ajoute : « *Tout ce qui ne vous permet pas cela, allez-vous le détruire et le décréer ?* ***Right and wrong, good and bad, POD and POC, all 9, shorts, boys and beyonds.*** »

En d'autres termes, je le POD et POC.

Puis je lui repose cette question : « De quoi mourez-vous d'envie de vous tirer ? » ; alors la personne répète : « J'ai envie de vivre. » Puis je POD et POC cela.

Puis je lui demande encore : « De quoi mourez-vous d'envie de vous tirer ? » Cette fois-ci, la personne pourra me dire quelque chose de légèrement différent, que je POD et POC.

Et cinq, dix, quinze ou peut-être vingt-cinq couches plus tard, quelque chose se passe. Un changement se produit. Du genre : « Oh mon Dieu, je meurs d'envie de me tirer de mon couple ! »

Et là, c'est fabuleux, pour moi et pour la personne, parce qu'enfin, la vérité est apparue et il y a une prise de conscience.

En réalité, la personne ne veut souvent pas faire émerger ce genre de prise de conscience, car il est trop difficile et douloureux de s'y confronter. Quoi de plus normal ? Après tout, elle s'est créé une maladie en phase terminale pour éviter de voir la réalité en face.

Mais tout est là : cette simple prise de conscience d'avoir créé cette maladie pour se tirer d'une situation dans laquelle elle estime ne pas avoir le choix *introduit le chaos dans un système ordonné.*

Cette seule prise de conscience lui permet enfin de s'extirper de l'ordre, qui lui fait croire qu'elle n'a pas d'autre choix. Je n'ai jamais vu de problème physique qui ne soit associé à un point de vue, je n'ai jamais vu de problème physique qui soit uniquement un problème physique.

La prise de conscience qui fait suite au chaos que vous avez introduit dans la vie de votre client (grâce à votre question) pourra être formulée de la manière suivante : « Je me sentais tellement bloqué qu'en fait, j'avais envie de mourir pour me tirer de mon couple, alors que j'aurais pu tout simplement… rompre. » Le chaos est entré dans son système. Alors peut-être, peut-être, peut-être, si cette personne en a la volonté, quelque chose pourra enfin changer et la maladie pourra évoluer positivement.

Encore une fois, je me dois d'insister sur le fait que tout changement qui se produit se fonde sur le choix du client. Jamais je n'affirmerai avoir guéri qui que ce soit. La seule chose que je pourrais prétendre, c'est de permettre aux gens de prendre conscience qu'ils peuvent faire d'autres choix pour leur corps et leur avenir.

Faire davantage appel au récepteur psychique qu'est votre corps

Au chapitre 4, nous nous sommes intéressés au concept selon lequel votre corps a la capacité de capter la souffrance et les pensées d'autrui, et au fait que reconnaître et être en phase avec cela non seulement vous facilite beaucoup la vie, mais de plus vous permet d'être à la pointe en tant que guérisseur.

Nous avons examiné comment appliquer cette compréhension à nous-mêmes grâce à la technique « À qui ça appartient ? » ; maintenant, j'aimerais vous expliquer comment vous en servir pour améliorer votre aptitude à dialoguer avec les corps.

Pourquoi « À qui ça appartient ? » est si pertinent pour vous dans votre dialogue avec les corps

Le fait de reconnaître que le corps prend sur lui la douleur et la souffrance des autres change énormément la donne pour toute personne qui travaille sur les corps d'autrui.

Combien de guérisseurs sur cette planète ont-ils accès à cette prise de conscience ? Et s'il y en a, combien d'entre eux ont-ils les outils nécessaires pour aller plus loin et agir dessus ?

Voici quelques éléments à prendre en considération :

« À qui ça appartient ? » est une technique que vous pouvez transmettre à vos clients afin qu'ils puissent l'appliquer à eux-mêmes si tel est leur choix.

C'est un outil que vous pouvez utiliser quand vous travaillez sur eux ; nous reviendrons sur ce sujet un peu plus loin.

C'est également une technique particulièrement utile pour vous guérir VOUS-MÊME : elle vous permet de contenir votre aptitude à prendre sur vous la douleur et la souffrance d'autrui.

Qu'est-ce que je veux dire dans ce dernier point ? En tant que guérisseur, que vous pratiquiez ou non, votre corps essaie continuellement de guérir les corps autour de lui ; par conséquent, il tombe sous le sens que votre corps a absorbé beaucoup de souffrances d'autrui depuis de nombreuses années. Si vous êtes fréquemment exposé aux énergies de douleur et de souffrance au quotidien, il est possible que vous en ayez pris une partie sur vous à votre insu.

En tant que guérisseur, vous êtes très conscient des énergies de vos clients, et vous les ressentez dans votre propre corps. Pour vous aider à ce niveau, je voudrais vous faire part d'un déblayage très utile si vous travaillez sur les corps d'autrui. Je vous suggère même de le répéter tous les jours.

Combien de problèmes liés à vos clients avez-vous verrouillés dans votre corps pour tenter de les guérir et de les faire disparaître ? À qui ça appartient ? Tout ce que vous avez fait pour acheter l'idée que c'étaient les vôtres, tout ce que vous avez fait pour les verrouiller dans votre corps en achetant l'idée que c'était à vous et tout ce qui ne vous permet pas de vous en libérer et de reconnaître qu'ils ne les reprendront pas, car vous les avez déjà fait disparaître, allez-vous détruire et décréer tout cela ? ***Right and wrong, good and bad, POD and POC, all 9, shorts, boys and beyonds.***

On pourrait dire que votre capacité à prendre sur vous la douleur *et à la guérir* est à la fois une bénédiction et une malédiction ; néanmoins, cela ne devient une malédiction que si vous ne prenez pas conscience de cette possibilité, si vous ne voulez pas y croire, si cette possibilité est trop bizarre pour vous ou encore si vous n'êtes pas disposé à utiliser cette technique avec vos clients.

Et maintenant, intéressons-nous à cette question.

Utiliser « À qui ça appartient ? » avec vos clients

Il y a plusieurs façons d'utiliser cette question quand on travaille sur le corps d'autrui.

D'abord, vous pouvez faire prendre conscience à votre client que sa douleur n'est peut-être pas du tout la sienne en lui transmettant ces deux notions que j'ai citées au chapitre 4 :

Entre 50 et 100 % de ce qui se passe dans votre corps physique (les maux, douleurs et autres maladies) ne sont peut-être même pas à vous, et 98 % de ce qui vous traverse l'esprit (vos pensées, sentiments, émotions et jugements) ne vous appartiennent pas.

Mais, comme vous le savez certainement, sur notre planète, tout le monde n'est pas prêt à entendre ce genre d'information ; aussi, faites preuve de discernement si vous décidez de transmettre ces informations à quelqu'un, et soyez disposé à le reconnaître.

Une manière très simple d'introduire cela dans une séance consiste simplement à poser cette question :

À qui appartient cette douleur à l'épaule ?

À qui appartient cette tristesse ?

Puis observez la réaction de votre client. Certes, il est possible qu'il vous adresse un regard perdu, et vous pouvez choisir d'aller dans ce sens si cela est adapté à la situation, en disant peut-être : « J'ai lu un livre étrange, dans lequel il était dit qu'entre 50 et 100 % de ce qui se passe dans notre corps ne nous appartient pas, et que nous pouvons prendre sur nous des choses qui appartiennent aux autres. Intéressant, vous ne trouvez pas ? Aimeriez-vous simplement jouer avec cette possibilité et voir où cela nous mène ? »

Si vous avez déjà choisi d'appliquer cette technique à votre propre corps, vous pourriez également témoigner des effets que cela a eus sur vous et des éventuels changements que vous avez remarqués.

Votre objectif principal est simplement d'en faire prendre conscience à votre client.

S'il accepte ces informations, vous constaterez peut-être qu'il comprend soudain d'où provient sa douleur ; et si cela arrive, vous pouvez dire : « Tout ce que vous avez fait pour enfermer cela dans votre corps, tout ce que vous avez fait pour prendre cela sur vous, pour croire que c'était à vous alors que ce n'était pas le cas, allez-vous maintenant vous en libérer ? »

Si votre client vous répond par l'affirmative, vous pouvez réciter la formule de déblayage à voix haute, à voix basse ou en silence. À vous de voir. « *Right and wrong, good and bad, POD and POC, all 9, shorts, boys and beyonds.* »

Personnellement, je la dis à voix haute, car tous mes clients savent que c'est ainsi que je travaille ; mais comme je l'ai expliqué précédemment, il est tout aussi efficace de la dire à voix basse ou en silence.

Dans la pratique : « À qui ça appartient ? »

Je voudrais vous raconter la façon dont j'ai présenté cette question à un client, la première fois que je l'ai utilisée.

À l'époque où j'étais encore chiropraticien installé, j'avais un client qui avait une douleur atroce dans le dos ; je le traitais depuis plusieurs mois sans parvenir à un changement durable.

Chaque semaine, cet homme venait à mon cabinet avec cette douleur qu'il estimait à 8 sur une échelle de 1 à 10. Je travaillais sur lui pendant une heure, et la douleur redescendait à 2 ou 3. Mais il revenait la semaine d'après avec une douleur toujours à 8.

C'était incroyablement frustrant, au point que je lui ai recommandé d'essayer un autre chiropraticien, car je ne parvenais pas à obtenir les résultats dont il avait besoin ; par contre, j'ai insisté pour qu'il continue de venir me voir. En effet, même si je n'arrivais à atténuer sa douleur que peu de temps, c'était le seul soulagement qu'il avait trouvé, et il en avait besoin.

C'est à peu près à cette époque que j'ai commencé à suivre les classes d'Access et à apprendre les techniques que je vous transmets maintenant. Le jour où j'ai découvert la technique « à qui ça appartient ? », j'ai immédiatement pensé *que j'allais essayer de l'appliquer à ce client qui souffrait atrocement du dos.*

À notre rendez-vous suivant, il lui a fallu environ cinq minutes pour se détendre suffisamment et pouvoir monter sur ma table de massage pour s'allonger. Après qu'il s'est installé tant bien que mal, je lui ai dit : « Bon, j'ai une question bizarre : à qui appartient cette douleur au dos ? »

Il s'est redressé, m'a regardé et m'a dit : « À ma femme ! »

Quelques instants auparavant, cet homme arrivait à peine à se mouvoir et maintenant, il était bien calé et il me dévisageait comme si toutes les pièces du puzzle venaient de s'assembler.

Il est alors apparu que quelque mois auparavant, sa femme s'était grièvement blessée au dos et qu'elle souffrait terriblement et en permanence depuis lors. Elle avait subi une opération, mais sa situation n'avait fait depuis qu'empirer. Voyant ce qu'elle endurait, cet homme a éprouvé tellement de compassion pour elle qu'il s'est dit qu'il allait faire tout ce qui était en son pouvoir pour libérer la femme qu'il aimait tant de cette souffrance.

À ce moment-là, son corps était parfaitement à l'écoute et il a pris note de ce qu'il a entendu ; dans les deux semaines qui ont suivi, la douleur de son épouse a commencé à diminuer et, un mois plus tard, c'est lui qui a commencé à avoir mal au dos. Sa situation n'a fait que se dégrader et aucun médecin n'a pu en trouver la cause.

Une fois qu'il m'a raconté cela, je lui ai parlé de ma prise de conscience toute récente : nos corps essaient de se guérir mutuellement s'ils le peuvent, et nous sommes capables de prendre la souffrance de quelqu'un d'autre et de l'enfermer dans notre propre corps pour guérir cette personne. J'ai ajouté que nous sommes particulièrement doués dans ce domaine quand la personne en souffrance nous est chère.

Cette prise de conscience a tellement résonné en lui que dans l'heure qui a suivi, nous avons fait disparaître 98 % de sa douleur. Et cette fois-ci, les résultats ont été durables. Il est resté un petit tressaillement, mais sa vie entière a changé, tout cela grâce à la question : « À qui ça appartient ? »

Ici, l'information essentielle est la suivante : si une personne s'est approprié quelque chose, si elle a pris sur elle la douleur ou la souffrance d'autrui, *elle ne peut pas faire évoluer la situation ou guérir tant qu'elle n'a pas pris conscience qu*'à l'origine, *cette douleur n'était pas à elle.*

C'est ce qui s'est passé ce jour-là dans mon cabinet : une simple prise de conscience a modifié une situation que je n'avais pas pu faire évoluer jusque-là.

Quand vos clients sont disposés à se demander « à qui ça appartient ? », ils peuvent éliminer toute énergie solide dans leur corps quelle que soit la technique que vous utilisez, à savoir que vous soyez médecin, chiropraticien, masseur, praticien reiki ou kinésithérapeute ; cette question ouvre la porte qui vous permet de faire ce que vous avez à faire et d'obtenir de meilleurs résultats.

Quel est votre ressenti à ce sujet ? Plutôt palpitant, non ?

Je dois dire que je suis toujours inspiré par cette technique, parce qu'elle joue un rôle tout à fait fondamental dans la mise en place du changement chez autrui, là où d'autres techniques se sont avérées inefficaces.

Mon ami, en prenant conscience de cela, vous prenez le chemin d'une réussite professionnelle que vous n'aviez jamais crue possible. Mais surtout, cette technique vous permet d'approfondir la communion que vous êtes en train de mettre en place avec votre corps et elle vous permet d'accéder à un champ des possibles qui dépasse les limitations de cette réalité.

Prêt à aller plus loin ? Poursuivez votre lecture.

Une nouvelle forme de langage corporel

Comme nous l'avons vu, quand nous sommes coupés de notre corps et incapables de reconnaître le langage énergétique par lequel il veut communiquer, et quand nous subissons les jugements d'autrui et que nous les faisons nôtres, notre corps doit attirer notre attention par le seul moyen à sa disposition : créer des douleurs, des raideurs et des maladies, simplement pour nous faire prendre conscience que nous ne l'écoutons pas.

Je voudrais vous proposer des perspectives très pratiques pour l'interprétation des méthodes de communication alternative de votre corps, qui constituent, si l'on veut, une nouvelle forme de langage corporel.

Ce qu'il y a de merveilleux avec ce que je vais vous exposer est que vous pouvez l'appliquer à vous-même ainsi qu'à vos clients.

Pour mémoire, quand vous ressentez toute forme de douleur physique, la première chose à faire consiste à vous demander « à qui ça appartient ? », et si cela s'allège, c'est que ce n'est pas à vous et vous pouvez l'évacuer. Maintenant, nous allons nous intéresser à d'autres questions et techniques auxquelles vous pouvez faire appel quand il y a une sensation de lourdeur, en d'autres termes quand la douleur vous appartient ou quand vous vous l'êtes appropriée.

Ainsi, si vous remarquez ou ressentez une lourdeur ou une intensité quand vous demandez à qui appartient votre douleur, un excellent point de départ, d'une manière générale, consiste ensuite à vous demander :

Quelle autre question ai-je besoin de me poser pour changer cela ?

Ainsi que :

Quelle autre question ai-je besoin de me poser afin d'obtenir les informations nécessaires pour changer cela ?

Comme toujours, demandez et percevez, et ne vous attendez jamais à obtenir des réponses immédiates.

Maintenant, soyons un peu plus spécifiques au sujet des zones du corps fréquemment sujettes à la douleur.

Attention, cette nouvelle forme de langage corporel peut être très littérale ! Vous aurez peut-être envie de vous botter le derrière quand vous prendrez conscience de la clarté avec laquelle votre corps vous parle.

Douleurs au cou

Étant donné que vous êtes un chercheur vivant sur une planète pleine de personnes bourrées de jugements et anti-conscientes dans leur attitude, vous remarquerez peut-être à quel point cette réalité vous tord littéralement le cou ! Eh oui, une douleur au cou peut vraiment être le résultat de quelque chose qui vous « tord le cou ».

Essayez ceci :

Demandez-vous : *qui ou quoi me tord le cou, que je ne reconnais pas ?* Puis ajoutez : « Détruisons et décréons cela. *Right and wrong, good and bad, POD and POC, all 9, shorts, boys and beyonds.* »

Faites cela plusieurs fois, car, comme je viens de le dire, il y a pléthore de situations dans cette réalité qui peuvent vous « tordre le cou ». Demandez-vous encore : *qui ou quoi me tord le cou, que je ne reconnais pas ?* avant de dire toute la formule de déblayage ou de simplement POD et POCer cela.

Comme toujours, on ne cherche pas de réponse immédiate, bien qu'il soit possible d'en trouver ; on cherche simplement à dissoudre cette énergie solide.

Posez-vous la question et récitez la formule de déblayage de multiples fois, et vous remarquerez que votre douleur commencera à s'atténuer.

Douleurs dans le bas du dos

Préparez-vous à découvrir un autre message tout à fait littéral du corps. Si vous avez mal au dos, vous pouvez demander à votre corps :

Qu'est-ce que tu caches derrière toi ?

Eh oui, là encore, les choses peuvent être aussi évidentes ! En l'occurrence, le processus sera légèrement plus long, car beaucoup d'entre nous cachent derrière eux leur lumière et leur potentiel de grandeur.

Qu'est-ce que vous tenez ou cachez derrière vous si dynamiquement au point que si vous ne le faisiez pas, vous seriez conscient d'un niveau de pouvoir, de puissance, de présence et de capacités que vous n'êtes pas sûr de pouvoir gérer ? ***Right and wrong, good and bad, POD and POC, all 9, shorts, boys and beyonds.***

C'est un processus vraiment merveilleux qui vous permet d'accéder encore plus à ce qui fait de vous un être incroyable et unique, ce que vous aviez peut-être peur de complètement admettre. Si cette idée suscite en vous une sensation de légèreté, vous pouvez reprendre plusieurs fois ce processus et laisser véritablement la lumière et l'espace pénétrer dans votre univers.

Douleurs au genou et au pied

Concernant les douleurs au genou, vous pouvez vous demander :

Quel besoin as-tu décidé que tu ne sais pas gérer ou supporter ?

Et pour les douleurs au pied, demandez-vous :

Quelle situation as-tu décidé qu'elle te casse les pieds ?

Ensuite, faites autant de POD et POC que nécessaires pour faire évoluer l'énergie.

Là encore, les choses sont tout à fait évidentes, presque trop, voire beaucoup trop faciles. À vrai dire, nombre d'informations que je transmets au monde semblent trop simples, au point qu'elles en sont rebutantes pour certains. Plutôt étrange, non ?

Est-ce votre cas ?

Si oui, peut-être pourriez-vous commencer par reconnaître que quand quelque chose est vrai, cela se manifeste souvent à nous par un sentiment d'aisance. Autre élément à prendre en considération : nous avons tendance à rejeter les idées ou concepts qui dépassent de loin ce qu'auparavant nous considérions comme réel ou vrai (ou dont nous avons pu décider qu'il en était ainsi). Dans ce cas, nous rejetons la réalité même des possibilités qui dépassent notre entendement et qui sont là pour provoquer en nous une expansion. Si vous êtes concerné, voici un déblayage et une perspective qui pourront vous aider.

> *Quelle énergie, quel espace, quelle conscience et quel choix mon corps et moi-même pouvons être pour percevoir, savoir et recevoir avec une aisance totale toute l'aisance qui dépasse cette réalité et que mon corps et moi-même sommes vraiment ?* ***Right and wrong, good and bad, POD and POC, all 9, shorts, boys and beyonds.***
> *Et… quelles sont les frontières de la réalité dont j'ai décidé que je ne peux aller au-delà, que je ne peux les expérimenter et que je ne peux les choisir, et qui m'empêchent d'être les miracles que mon corps et moi-même sommes vraiment ?* ***Right and wrong, good and bad, POD and POC, all 9, shorts, boys and beyonds.***

Tout mal, toute douleur ou toute maladie du côté gauche du corps

Pour tout problème qui affecte le côté gauche de votre corps, demandez-vous :

Quelle situation essaies-tu de rectifier,
de rendre juste, alors qu'elle ne l'est pas ?

Ce que je trouve génial quand on découvre cette nouvelle forme de langage corporel, c'est que l'on peut faire preuve d'une certaine créativité quand on combine plusieurs de ces concepts.

Mettons par exemple que vous ou votre client ayez une douleur au genou gauche. Vous pouvez associer deux des interprétations que je viens de vous donner et demander :

Quels besoins ou les besoins de qui essayez-vous
de rendre justes, alors qu'ils ne le sont pas ?

J'ai posé cette question à une cliente qui a eu une véritable révélation en l'entendant : « Oh mon Dieu ! s'est-elle exclamée, mon père ! Il a totalement besoin de moi et moi, je déteste qu'il ait besoin de moi. J'ai l'impression d'être une mauvaise fille, parce qu'il a besoin de moi et que je n'ai pas envie de l'aider, car c'est un homme vraiment méchant… »

Ce qu'il y a de merveilleux avec ces questions, c'est qu'elles vous permettent de commencer à sentir l'énergie de l'histoire que votre client se raconte, ou de ce avec quoi il vit et qui se manifeste par une douleur physique.

Que faites-vous de tout cela ? Au moins, sachez que votre corps est bien plus conscient que vous ne l'imaginerez jamais.

Plus on explore tout cela, plus on prend conscience qu'au fond, les gens savent ce qu'ils font quand ils créent leur corps. Ils savent ce qu'ils font quand ils créent leur vie, et les symptômes perceptibles chez les autres sont vraiment cela : des symptômes. Les gens ont conscience que quelque chose ne va pas et qu'ils ont besoin de changer pour pouvoir vraiment être présents et eux-mêmes. Vraiment, c'est aussi simple que cela.

Notes sur la dépression et l'anxiété

Avez-vous remarqué que certaines âmes chères, sujettes à la dépression et à l'anxiété, sont très souvent qualifiées de « petites natures » ? On les rejette à cause de leur sensibilité et on leur fait croire qu'elles ont besoin d'être plus fortes, plus résistantes et moins émotives. Et si, en réalité, cette prétendue faiblesse était source de puissance ?

Il se trouve que je crois que la sensibilité est une force. Et je crois même que toute prétendue faiblesse peut être source de force, en particulier quand nous en prenons conscience.

Voici une question transformatrice qui peut modifier votre perspective au sujet de tout trait de personnalité que vous (ou autrui) avez considéré à tort comme une faiblesse :

Et si tout ce que vous considérez comme des
torts est ce qui en réalité vous rend fort ?

Prenez quelques instants pour explorer cette question et voir ce qui remonte.

Généralement, nos torts évoquent ce qui est en excès ou en insuffisance chez nous. Pendant longtemps, notamment quand j'étais enfant, on a considéré que j'étais excessif : je parlais trop fort et j'étais trop expressif, trop tonique, trop excité… Et la liste s'allongeait. Il a fallu que je découvre Access pour pouvoir prendre conscience que ces prétendus torts étaient en réalité des forces que j'avais naturellement en moi. En recadrant ainsi ma perception, j'ai pu ouvrir la porte à davantage de joie et de simplicité, et j'ai pu être beaucoup plus MOI-MÊME. J'ai enfin pu souffler et accueillir mes « excès ». Et ensuite, j'ai pris la place que je désirais prendre dans le monde, sans aucune honte ni culpabilité.

Je vous invite à prendre quelques instants pour vous poser cette question. Puisse-t-elle vous aider à porter un regard nouveau sur de prétendues faiblesses que vous avez acceptées comme telles.

La revoici :

Et si tout ce que vous considérez comme des torts est ce qui en réalité vous rend fort ?

Prenez quelques instants pour imaginer à quoi ressemblerait votre vie si vous deviez percevoir ces faiblesses comme des forces.

Agiriez-vous, penseriez-vous, bougeriez-vous, parleriez-vous et SERIEZ-vous différent ?

Cette nouvelle perspective pourrait-elle faire évoluer votre pratique en tant que guérisseur ?

Et pourriez-vous partager cette prise de conscience avec vos clients ?

Recadrer la communication au sujet de la santé mentale

Cette réalité est remplie de ces belles âmes « sensibles » qui sont affectées et limitées par la dépression et l'anxiété. Peut-être en faites-vous partie (c'est souvent le cas chez les guérisseurs), ou peut-être pas. En tout cas, il est presque certain qu'il y a quelqu'un dans votre vie, ou sur votre table de massage, qui est dans cette situation. Aussi, examinons de plus près ce qui pourrait vraiment se passer pour toute personne vivant dans la dépression ou l'anxiété, afin d'approfondir notre compréhension et élargir la palette de techniques que nous utilisons quand les gens viennent nous voir pour changer.

Même si notre société a parcouru un long chemin dans sa façon de percevoir et de traiter les personnes atteintes de maladies mentales, je sais que nous pourrions aller encore plus loin.

Les personnes sensibles n'ont pas besoin de remède et ne sont pas plus « déboussolées » que les autres. Au contraire, elles sont beaucoup plus CONSCIENTES que les autres, et en particulier, elles sont conscientes du fait qu'énormément de gens se sentent perturbés dans le monde.

Une personne « normale » (comme si cela existait) percevra l'énergie tonitruante du jugement, de la fausseté, du désespoir et de la souffrance que tant de gens perçoivent dans le monde, comme si le volume était à 2 sur la chaîne hi-fi de leur vie. Pour une personne « sensible », le volume est à 200.

Généralement, ces personnes sont de type guérisseur (oui, comme vous) et ont le sentiment que quoi qu'elles fassent, cela ne suffira jamais à changer ce qu'elles perçoivent en elles-mêmes ou dans le monde. Elles ressentent tout cela sans avoir conscience qu'elles *perçoivent* ce qui se passe dans le monde, sans vraiment *être* ce qu'elles perçoivent.

Ajoutez à cela que nous vivons dans un monde où les gens ne sont pas considérés comme des individus et où on ne leur pose pas de question leur permettant de prendre conscience de leurs forces uniques. Au lieu de cela, on les jauge d'après des courbes en cloche ou des normes de répartition moyennes ou médianes, et on leur explique qu'ils ont tort s'ils ne rentrent pas dans les cases. Mais ces belles et fortes personnes que sont les « sensibles » ne rentrent jamais dans les cases. Elles sont systématiquement marginalisées.

Parallèlement, il faut se souvenir que rares sont les personnes qui ont conscience que 98 % des pensées, sentiments, émotions, stress, angoisses, jugements, désespoirs et dépressions qu'elles connaissent sont liés à quelque chose qu'elles perçoivent dans le monde qui les entoure.

Si l'on associe tout cela, on s'aperçoit aisément que cette réalité a créé une incongruence dynamique et un sentiment de futilité dans le monde de toute personne qui combat la dépression ou l'angoisse… Une incongruence que vous êtes désormais plus préparé que jamais à faire évoluer.

Comment ça devient encore mieux que ça ?

Premièrement : deux choses que vous pouvez faire aujourd'hui si vous vous sentez déprimé ou angoissé

Dans quelques instants, je vais vous faire découvrir quelques techniques qui vous aideront à travailler sur ceux de vos clients qui font face à la dépression ou à l'anxiété. Mais auparavant, je voudrais vous faire deux suggestions, cher lecteur, si vous-même êtes aux prises avec l'une ou l'autre de ces situations. Sachez que vous n'êtes pas seul et qu'il y a des personnes et des techniques pour vous aider. J'ai moi-même emprunté ce chemin, et c'est avec mon expérience et ma bienveillance que je m'adresse à vous.

Premièrement, je vous recommande d'envisager de participer à une classe d'Access Bars® (vous pourrez trouver des détails concernant ces classes sur notre site accessconsciousness.com/fr). Une séance d'Access Bars est une séance énergétique qui se pratique en posant les mains sur la tête, et qui a le potentiel phénoménal de vous faire accéder à un espace dans lequel vous vous libérez de toutes vos croyances, pensées et idées limitantes. C'est par une classe Access Bars que j'ai personnellement découvert Access Consciousness. Je recommande vivement.

Deuxièmement, je vous invite à vous demander « à qui ça appartient ? » pendant trois jours, au sujet de toutes les pensées, tous les sentiments et toutes les émotions que vous vivez. Je l'ai déjà dit, mais cela vaut la peine de le répéter, car sérieusement, cela a très bien fonctionné pour moi. Retournez au chapitre 4 pour faire le point sur la manière de l'utiliser, ou relisez dans ce chapitre le passage intitulé « Faire davantage appel au récepteur psychique qu'est votre corps », qui explore la question plus en détail.

La question « à qui ça appartient ? » est vraiment la clé du processus de changement. C'est une technique qui vous sortira de l'abysse effrayant que semble être la dépression et qui vous permettra de commencer à accéder à la puissance et à la force en vous. Ainsi, vous saurez que vous pouvez changer.

Quatre points-clés pour travailler avec un client déprimé ou anxieux

1. Avant tout, soyez conscient de la manière dont vous percevez votre client. Dans le dialogue avec les corps, l'un de vos talents est votre aptitude à reconnaître la force sous-jacente aux problèmes des personnes et, en l'occurrence, il est essentiel que vous reconnaissiez chez votre client ce qui est sous-jacent et qui se manifeste souvent sous forme de dépression.
2. Présentez à votre client l'idée selon laquelle sa « sensibilité » est une force, et non une faiblesse.
3. Faites-lui prendre conscience du concept qui sous-tend la question « à qui ça appartient ? » (à savoir que 98 % des pensées, sentiments et ainsi de suite ne lui appartiennent PAS et sont en réalité ce qu'il perçoit.) Si vous souhaitez aller plus loin, il vous suffit de chercher l'application Access Consciousness dans votre App Store, de sélectionner la version française le cas échéant, puis de cliquer sur le pavé « À qui ça appartient ? ».
4. Ce point devrait vraiment passer avant tout le reste. La manière la plus forte d'amorcer le changement chez une personne en butte à la dépression ou à l'anxiété consiste à *être vous quand vous l'accompagnez, sans la juger.*

Vous pouvez faire cela aisément et naturellement.

Je le sais.

Le moment est-il venu que VOUS aussi le sachiez ?

Vous voyez ? Vous êtes vraiment plus préparé que vous ne le pensiez.

Simplement en ÉTANT VOUS.

Permettre à un client fatigué de devenir illimité

En fonction de la formation que vous avez reçue et du type de travail que vous effectuez sur le corps des gens, vous avez probablement un ensemble de compléments et de processus de référence adaptés à certaines situations. Par exemple, certains praticiens croient que si un client est sujet à la colère, cela signifie qu'il y a quelque chose qui ne va pas au niveau de son foie ; par conséquent, ils vont traiter cet organe et les émotions associées pour contribuer à libérer cette colère. De même, certains praticiens proposent des compléments destinés aux glandes surrénales aux clients qui souffrent de léthargie et d'un déficit d'énergie.

S'il n'y a rien de mal à faire l'un de ces deux choix, que pensez-vous de simplement poser la question suivante :

Corps, de quoi as-tu besoin pour avoir l'énergie que tu désires ?

L'avantage, c'est que vous pouvez simplement interroger le corps, sans la nécessité de vous adresser verbalement au client. Posez silencieusement la question, puis utilisez le déblayage suivant :

> *Corps, de quoi as-tu besoin pour avoir l'énergie que tu désires ? Tout ce qui ne permet pas cela, allez-vous le détruire et le décréer ?* ***Right and wrong, good and bad, POD and POC, all 9, shorts, boys and beyonds.***

Quand vous êtes présent aux côtés d'une personne et de son corps, vous prenez conscience que ce dernier vous communique d'autres informations que la personne elle-même. Il suffit d'avoir la volonté de demander.

Pourquoi la fatigue est-elle si prédominante dans notre société ?

Au fond, c'est très simple : tous les jugements, tous les calculs, toutes les décisions et toutes les conclusions du quotidien nous font littéralement obstacle et empêchent notre énergie de circuler librement comme elle désire naturellement le faire. Résultat : on accumule de la fatigue, de la léthargie et une énergie très basse.

Essayez ceci : utilisez ce déblayage avec tous les clients que vous avez et qui s'empêchent d'accéder à une énergie illimitée :

> *Toutes les décisions, toutes les conclusions, tous les jugements et tous les calculs que vous avez ou que vous vous appropriez, allez-vous les détruire et les décréer ?* ***Right and wrong, good and bad, POD and POC, all 9, shorts, boys and beyonds.***

Outre les multiples jugements, l'autre facteur important qui crée des baisses d'énergie est lié au fait qu'énormément de personnes veulent fuir leur vie.

Essayez ceci : posez à un client qui subit des baisses d'énergie la question suivante : « Comment allez-vous dans votre vie ? » Il sera peut-être quelque peu surpris s'il ne s'attend pas à ce qu'un praticien alternatif lui parle d'autre chose que de ce dont il se plaint, mais généralement (comme nous l'avons vu au chapitre 8 consacré à la congruence), une question ouverte telle que celle-ci peut permettre d'ouvrir une porte qui révélera sa véritable problématique et la vraie raison de sa venue.

Vous obtiendrez peut-être une réponse de ce genre : « Je suis tellement fatiguée. Je dois m'occuper de quatre enfants et mon mari est très occupé. Je suis très stressée. Je ne sais pas comment je vais faire pour tenir financièrement jusqu'à la fin du mois. Les factures sont arrivées à échéance et mon mari refuse d'en parler. Je n'ai absolument aucune énergie. »

C'est bien que la personne aille au fond des choses. Et la situation peut s'améliorer.

Laissez-moi vous proposer une question que vous pouvez poser à cette cliente, ainsi qu'à tous vos clients, afin de susciter des prises de conscience et de transformer leur fatigue. Êtes-vous prêt ? C'est tellement simple que vous allez lever les yeux au ciel (au mieux) ou balancer ce livre à travers la pièce (au pire).

La voici :

De quoi (ou de qui) êtes-vous fatigué ?

Vraiment.

Maintenant, la première fois que vous poserez cette question lors d'une séance, il vous faudra peut-être la répéter, mais au bout du compte, vous vous apercevrez peut-être que la dame aux quatre enfants et au mari qui se réfugie dans le mutisme dira peut-être quelque chose de ce genre au bout de quelques instants : « Vous savez quoi ? Je suis fatiguée de payer les pots cassés par les autres. Et surtout, je suis fatiguée d'être la seule personne responsable. »

Bingo ! Vous avez maintenant de quoi travailler sur elle.

Puis-je vous demander quelque chose, cher lecteur ?

Avez-vous de l'énergie ? Ou êtes-vous souvent fatigué ?

Soyons francs, la plupart d'entre nous n'ont pas toujours l'énergie qu'ils aimeraient avoir et qu'ils sont en droit d'avoir. Auriez-vous envie de vous poser la question suivante ?

La voici :

De quoi (ou de qui) êtes-vous fatigué,
sans vouloir le reconnaître ?

Maintenant, percevez ce qui remonte. Souvenez-vous, vous n'avez pas besoin de réponse claire. Vous n'en avez jamais besoin. Il vous faut simplement être suffisamment ouvert pour poser la question.

De quoi êtes-vous fatigué, sans
vouloir le reconnaître ?

Maintenant, dites le déblayage :

> *De quoi êtes-vous fatigué, sans vouloir le reconnaître ? Allez-vous détruire et décréer tout cela ?* ***Right and wrong, good and bad, POD and POC, all 9, shorts, boys and beyonds.***

Quand j'ai abordé cette question lors de la série de vidéos sur laquelle s'appuie ce livre, je l'ai posée cinq fois, parce que je voulais vraiment que les participants aient une sensation de légèreté et qu'ils commencent à observer un changement. Car après tout, comment essayer de créer de la légèreté chez autrui quand on n'en a pas soi-même ?

Cela a du sens ? Il me semblait bien.

Encore une fois :

> *De quoi êtes-vous fatigué, sans vouloir le reconnaître ? Allez-vous détruire et décréer tout cela ?*
> ***Right and wrong, good and bad, POD and POC, all 9, shorts, boys and beyonds.***

Remarquez-vous que vous vous sentez un peu plus vivant ? Je sais que c'est mon cas chaque fois que j'utilise cet outil. Son impact ne s'amoindrit jamais.

Notez que chaque fois que vous vous posez cette question et que vous dites le déblayage, cela fait un peu disparaître votre fatigue, puis un peu plus, puis encore un peu plus. Au bout de trois, quatre ou cinq fois, vous constaterez peut-être qu'en fait, vous n'êtes plus fatigué.

Prenez conscience que la plupart des gens qui vivent sur cette planète sont fatigués de tout, *tout le temps*. Si vous pouvez amorcer un changement dans ce domaine, les gens afflueront dans votre cabinet.

Demandez simplement : *de quoi, ou de qui, êtes-vous fatigué ? Allez-vous détruire et décréer cela ?* Puis dites la formule de déblayage. Là encore, vous pouvez le faire à voix basse ou à voix haute. À vous de voir. Faites ce qui vous convient et ce que votre client est prêt à recevoir.

Souvenez-vous que vous ne cherchez pas à ce que vos clients répondent verbalement à cette question, ni à n'importe quelle autre d'ailleurs. La formule de déblayage fera ses miracles en remontant jusqu'au point d'origine où la personne a créé son problème, ce dont elle ne se souvient peut-être même pas.

De quoi êtes-vous fatigué sans le reconnaître ? est l'une des techniques les plus dynamiques que vous pouvez proposer aux gens pour remédier à leur manque d'énergie. C'est la manière la plus rapide de défaire tous les jugements et les calculs, ainsi que toutes les conclusions et décisions qui pèsent sur nos épaules.

Je voudrais prendre quelques instants pour dire que cette question, comme toutes les autres questions que je vous suggère dans ce livre, peut être considérée comme un point de départ. Si elles sont incluses ici, c'est parce que je les trouve efficaces et que j'ai obtenu des résultats avec elles. Mais en les essayant, il est naturel que vous en trouviez d'autres qui vous correspondront, à vous et à votre pratique. Faites vos expériences et explorez ce qui marche pour vous. Et souvenez-vous qu'une question a toujours pour but d'ouvrir une voie qui conduit à une nouvelle possibilité.

Vos clients ignorent qu'il existe d'autres possibilités. Jusqu'au moment où ils vous rencontrent. Vos questions engendreront des possibilités dont ils n'avaient pas conscience. Et vous serez l'un des plus beaux cadeaux de leur vie.

11.

Tout tourne autour de votre client

Si vous dialoguez consciemment avec les corps, c'est-à-dire que vous êtes dans le laisser-être absolu de tout ce que votre client vous présente, que vous n'êtes pas dans le jugement mais dans la question, alors il est important que vous sachiez ceci : tout blocage qui remonte lors d'une séance, tout sentiment étrange, toute sensation de malaise ou d'impuissance que vous vivez provient de votre client, et non de vous.

Même quand ce qui remonte vous donne vraiment, *mais vraiment* l'impression que c'est à vous, en réalité ça ne l'est vraiment, *mais vraiment* pas.

Savoir cela et l'accepter est tellement libérateur ! Ce que vous percevez est lié à vos compétences dans le dialogue subtil avec les corps ainsi qu'à votre don.

Prenons un exemple. Mettons que ce soit le milieu de la séance et que soudain, vous éprouviez un véritable sentiment d'insécurité au sujet de ce que vous faites. Quelques instants seulement auparavant, tout était encore parfaitement fluide, vous faisiez ce que vous aviez à faire, et puis un nuage apparaît et soudain, vous vous dites : *je n'y arriverai pas. Je ne suis pas suffisamment puissant.*

Vous aurez l'impression que ce sentiment vient de vous, et ce d'autant qu'il pourra être familier et même personnalisé, au point que vous l'associerez à une période spécifique de votre passé pendant laquelle vous avez éprouvé un sentiment d'impuissance ou d'insécurité.

Ça me rappelle l'époque où papa a quitté maman.

Je ressens exactement la même chose
que le jour où mon prof du lycée m'a dit
que je serais toujours un bon rien.

Même si cela a l'air convaincant, sachez que si vous êtes dans la présence et l'accueil, c'est-à-dire qu'il n'y a ni jugement, ni alignement, ni accord, ni résistance, ni réaction, ce sentiment d'insécurité et d'impuissance a été capté par votre corps talentueux, cette magnifique éponge, qui l'a pris chez votre client.

Voyez-vous à quel point cela est incroyable et utile ? Vous avez perçu ce que la personne traverse et maintenant, c'est à vous de travailler dessus. Vous avez été conduit exactement là où votre client est bloqué, et il est probable que personne d'autre dans l'univers ne l'ait accompagné jusque-là auparavant. Et même s'il y a déjà eu quelqu'un d'autre, il est très probable que cette personne ait battu en retraite et se soit fermée, ayant pris ce blocage sur elle.

Chaque fois que vous travaillez sur quelqu'un et que soudain, vous ressentez quelque chose comme de l'insécurité, de l'impuissance ou alors – mon préféré (même pas vrai !) –, que vous avez le sentiment d'être enfermé dans une pièce blanche, avec des murs blancs, sans fenêtre ni porte, c'est-à-dire ni entrée ni sortie… amusez-vous simplement avec cette idée :

Et si c'était à mon client ? Et si c'était ce qu'il traverse ?

En réalité, c'est la manière dont vous prenez énergétiquement conscience de ce qui se passe dans son univers. C'est *lui* qui se sent en insécurité, impuissant ou vide. C'est ainsi que son corps et l'univers travaillent à vous transférer cette énergie, afin que vous puissiez collaborer avec votre client et créer quelque chose de beaucoup plus grand que ce à quoi il peut accéder et créer seul.

Car c'est pour cette raison que votre client est venu vous voir : pour essayer de transcender les limites qu'il n'arrive pas à dépasser seul.

Voyez les choses sous cet angle : nous faisons tous partie de l'univers. Nos molécules communiquent constamment les unes avec les autres. Le monde de votre client interagit avec le vôtre, et quand vous prenez conscience que c'est cela qui se produit et que vous n'êtes séparé ni de lui ni de l'univers, vous comprenez que vous captez l'énergie en fonction de ses besoins. Terminé, plus besoin de vous approprier quoi que ce soit !

Quand j'ai enfin compris cela, cela m'a vraiment libéré. Est-ce que cela crée chez vous aussi un petit frisson de liberté ? Je suis sûr que ça ne peut pas être aussi simple… À moins que si ?

Quand une séance de guérison est vraiment efficace, à la fois vous-même et votre client avez ce genre de ressenti merveilleux. Chaque séance prend une trajectoire différente et en l'empruntant, vous retirez les couches l'une après l'autre, jusqu'à ce que le besoin de votre client se révèle. Quand cela arrive, c'est incroyable. Et c'est aussi grâce à vos brillantes capacités que cela peut arriver.

Soyez conscient qu'en réalité, votre client ne peut pas nécessairement verbaliser ce dont il a véritablement besoin. Il est même probable qu'il ignore son besoin véritable. Quand vous reconnaissez que ce que vous captez provient de votre client, vous restez présent à ses côtés et à partir de là, vous pouvez amorcer un changement.

Le danger consiste à croire que c'est notre propre insécurité qui nous a fait dévier de notre cap et que, en quelque sorte, nous sommes en train d'échouer.

Cela vous rappelle quelque chose ? Alors, utilisez ce déblayage :

> *Partout où vous vous êtes donné tort, parce que vous ne croyez pas être un guérisseur suffisamment doué, car soyons francs, c'est nous qui nous jugeons mortellement plus que quiconque ne le ferait ou ne le pourrait, allez-vous détruire et décréer cela ? Et tous les mensonges que vous avez achetés, toutes les projections, les attentes, les séparations et tous les rejets de vous-même et de vos capacités que vous avez par rapport à ça, allez-vous les détruire et les décréer ?* ***Right and wrong, good and bad, POD and POC, all 9, shorts, boys and beyonds.***

Quand nous bloquons l'énergie

Si vous êtes au beau milieu d'une séance, et que soudain vous croyez à l'idée selon laquelle vous n'êtes pas à la hauteur ou que vous doutez de votre capacité à amorcer le changement, vous interrompez de fait la séance. Vous bloquez l'énergie et vous interrompez le miraculeux changement que vous étiez en train de faciliter.

Je vous en prie. Relisez ce paragraphe.

Vous pourriez avoir le sentiment qu'un mur a été érigé ou que vous pataugez dans la gadoue. La manière la plus rapide de gérer la situation consiste à vous demander :

Est-ce moi qui suis bloqué, ou mon client ?

Et ensuite, *ai-je l'énergie exacte de son blocage ? Ou ai-je CONSCIENCE de l'énergie exacte de son blocage ?*

Soudain, vous passez de :

Oh mon Dieu, je suis bloqué !

à

Oh, mais c'est LUI qui est bloqué là ! Fabuleux !

Maintenant, vous l'aidez à surmonter cet obstacle et l'énergie se remet à circuler (pour certains d'entre vous, cette seule prise de conscience, à condition de l'appliquer, peut suffire à rentabiliser l'achat de ce livre !)

« Avoir le sentiment » par opposition à « avoir conscience »

Remarquez la différence entre ces deux affirmations :

Je me sens impuissant.

Et

J'ai conscience d'une sensation d'impuissance.

La première est personnelle, parce que vous vous identifiez à l'impuissance. Vous vous *sentez* contracté et petit.

Maintenant, prenez quelques instants pour imaginer l'énergie de l'impuissance et de l'insécurité. Remarquez-vous à quel point votre monde devient petit et contracté ?

La deuxième affirmation, *j'ai conscience d'une sensation d'impuissance*, est plus objective ; il y a un recul, une prise de distance. Vous êtes conscient de l'impuissance. Vous faites un pas sur le côté, ce qui vous permet de faire votre travail.

À partir de là, vous prenez du recul, vous redevenez plus grand, vous pouvez observer ce dont vous avez pris conscience et vous vous demandez : *que puis-je faire et que puis-je être pour changer cela chez cette personne ?*

Je ne vous dirai pas comment vous devriez procéder, mais je peux vous raconter comment, personnellement, je procède. Comme toujours, sentez-vous libre d'essayer.

Dans la pratique : être l'énergie que je perçois

Voici ce qui fonctionne pour moi. En essence, je *suis* ce que je perçois. Je *suis* quelque chose qui inclut l'univers de ce que traverse mon client. Ainsi, s'il a érigé un mur, je suis le mur.

Je vais entrer un peu plus dans le détail en plantant le décor.

Je suis avec un client, nous sommes au milieu de la séance, l'énergie circule et nous explorons ces univers et possibilités. Les choses sont en expansion, changent, circulent, connaissent une nouvelle expansion, et je me dis que tout cela est fabuleux. Et puis…

Imaginez qu'on me coupe l'herbe sous le pied, qu'une épingle fasse éclater un ballon, qu'un mur en briques apparaisse juste devant moi, touchant presque mon nez. Alors, l'énergie… se bloque.

Il y a des années, avant d'être conscient que tout tourne autour du client, j'alimentais d'emblée des pensées de ce genre : *oh mon Dieu, qu'est-ce que je fais de mal ? Qu'est-ce que je suis de mal ? À quoi est-ce que j'ai mis fin ici ? À côté de quoi suis-je passé ? Qu'est-ce que je n'ai pas fait ?*

Fondamentalement, je prenais pour moi ce que je percevais, et je m'en voulais. À vrai dire, cela s'est produit plusieurs fois avant que je ne comprenne les choses aussi clairement que je vous les explique maintenant. Je suis très heureux de pouvoir en parler ; car cela devrait vous prendre moins de temps avant que ça fasse tilt.

Personnellement, mon déclic a eu lieu lorsque j'en ai parlé à Gary. Je lui ai expliqué que j'avais un client sur lequel je travaillais, et qu'au milieu de mes séances avec lui, un mur apparaissait, j'étais bloqué et je ne savais pas quoi faire. Et une fois le mur apparu, je ne savais pas où aller ni comment le franchir.

Gary m'a dit : « Est-ce ton mur ou le sien ?

M***e ! », me suis-je exclamé.

Jusque-là, j'avais toujours supposé que c'était le mien. C'était clairement ce que je ressentais. Ô mur fourbe, sournois et roublard ! C'était depuis le début celui de mon client.

Mais c'est bien sûr ! Car quand j'en ai pris conscience, je savais que, pendant mes séances, j'étais inspiré par la présence, je ne jugeais pas et j'étais dans le laisser-être.

Avez-vous déjà vécu un de ces moments où vous avez envie de hurler et de tout faire exploser, parce que votre prise de conscience est tellement énorme, mais aussi tellement évidente que vous pensez que vous auriez dû être capable de comprendre par vous-même ? Mais vous n'avez pas saisi, jusqu'à ce qu'on vous pose la question. C'est exactement ce que j'ai vécu.

Au passage, n'est-il pas incroyable de voir à quel point il est fréquent que les choses se passent ainsi, qu'une question vous fasse accéder précisément à la prise de conscience dont vous avez besoin ? Je trouve que oui.

J'étais tellement reconnaissant d'avoir eu cette prise de conscience ! *C'est à mon client que cela revient* ! Grâce à ce déclic, j'avais désormais les moyens de faciliter le changement chez ce client. Voici comment les choses se sont ensuite déroulées.

Lors de la séance suivante avec ce client et son mur, j'ai commencé par lui poser ma question habituelle pour qu'il soit en phase avec lui-même : « Si vous pouviez recevoir tout ce que vous voulez, qu'est-ce que ce serait ? » Il répondit : « Je veux juste être heureux et libre, et je veux sentir que je suis relié. »

Comme l'énergie était en harmonie avec la demande, je me suis dit : « Super, allons-y. » Et puis, au moment habituel de nos séances, le mur est apparu. Cette fois-ci, au lieu de fuir, de me dire : « Oh mon Dieu, qu'est-ce qui ne va pas chez moi ? » et de réussir à bloquer l'énergie de ce que nous étions en train de créer, je suis devenu l'énergie du mur.

Comment ? J'ai baissé la garde, je me suis placé nez à nez avec ce mur et énergétiquement, je lui ai dit : « Salut ! »

J'étais devant ce mur et je suis devenu tel un gorille de cinq tonnes.

Bien sûr, le mur n'allait pas s'effondrer et se dissoudre d'emblée. Il était grand, tenace et persistant. Il y a eu une sorte de ping-pong verbal entre le mur et moi, un peu du genre :

Le mur : « Je suis un grand mur et tu dois dégager !

Moi : Cool. Génial. Tu es un mur fabuleux. Salut !

Le mur : Non, tu ne comprends pas ! Je suis un grand méchant mur et si tu avances, je te tue.

Moi : Top ! Je suis prêt. Salut !

Le mur : Non, tu es déplorable ! Tu es petit. Tu ne devrais pas être là. Va-t'en !

Moi : Merveilleux ! Salut ! »

Le mur a essayé tous les trucs qu'il connaissait pour me maintenir à distance, et je me suis vite rendu compte que c'était exactement ce que la personne faisait : elle essayait de rester sur le côté, de ne pas vivre sa vie et de maintenir les gens à distance, hors de son existence.

J'ai tenu bon, malgré tout ce que le mur avait projeté sur moi, répondant principalement par des « salut ! », jusqu'à ce que… attendez la suite… le mur se soit tout simplement… dissous.

Et puis… il y a eu un ressenti palpable de l'énergie de l'univers de ce client en train de changer. Et qui non seulement changeait, mais surtout explosait, prenait feu et accélérait.

Vous vous souvenez de sa demande en début de séance ? « Je veux juste être heureux et libre, et je veux sentir que je suis relié. » Quand le mur a disparu sur le plan énergétique, cet homme a bondi hors de son petit univers contracté, dont il m'avait demandé de le sortir, et sa joie s'est accrue, ainsi que le sentiment d'être relié. Il était *libre*! *C'était teeeellement beau à voir!*

Qu'il en ait eu conscience ou non, c'était lui qui avait construit ce mur. Et c'était ce mur qui l'empêchait d'être la reliance qu'il demandait.

Il a suffi que je sois présent avec le mur, que je baisse la garde et que je dise : « Salut ! » à la moindre insulte, à la moindre grossièreté, à tout ce que ce mur avait en réserve dans son arsenal contre moi, pour qu'il se dissolve. Ensuite, il y a eu un profond sentiment de paix dans l'univers de cet homme. Il a pris une inspiration vraiment profonde. C'était intense, brillant. J'ai placé mes mains à nouveau sur son corps et c'était comme si elles s'étaient fondues dans son univers.

Chaque fois que vous éprouvez ces sentiments d'insécurité, de doute, de peur et de contraction durant une séance, vous pourrez franchir l'obstacle grâce aux outils que vous avez désormais. Eh oui, ce n'est pas plus compliqué que cela. Souvenez-vous, il s'agit d'une transformation (ou d'une guérison si vous préférez) à partir de l'ÊTRE.

Résumons-nous.

Dans votre pratique, vous êtes dans le laisser-être, c'est-à-dire que tout n'est qu'un point de vue intéressant. Vous êtes dans la question, c'est-à-dire que le chaos circule.

La plus grande insécurité ou peur de votre client remonte, et vous savez que même si cela a l'air d'être à *vous*, tel n'est pas le cas.

Tout en reconnaissant que cela est à votre client, vous restez présent, vous baissez encore plus la garde et vous demeurez là, à ses côtés, en étant l'énergie de ce que vous percevez, ou en pratiquant la modalité qui fonctionne pour vous. Être l'énergie marche dans mon cas.

En essence, vous êtes avec et pour votre client l'énergie qu'il ne peut pas encore être avec et pour lui-même.

Vous pouvez également vous poser les questions suivantes :

Quelle question puis-je poser pour
l'aider à changer cela ?

Quelle question puis-je être pour
l'aider à changer cela ?

Quelle question puis-je poser et quelle question
puis-je être pour l'aider à changer cela ?

Votre don consiste à être quelque chose qu'il n'a jamais pu être pour lui-même, alors qu'ensemble, vous êtes dans une position unique pour y parvenir.

Prenez conscience que si ces personnes viennent à vous, c'est parce qu'il y quelque chose que vous, et vous seul, pouvez faciliter dans leur vie. Elles viennent vous voir pour le changement que vous pouvez leur apporter. Elles viennent vous voir parce qu'il y a une interaction unique entre elles et vous. Et il y a une facilitation unique que vous seul pouvez faire, et personne d'autre sur la planète, moi compris. Ces personnes viennent vous voir, parce que vous êtes la personne qui peut leur apporter cela.

Comment ça devient encore mieux que ça ?

Quand vous êtes bloqué

Que vous pratiquiez depuis un jour ou dix ans, il arrive un moment, sur votre chemin de guérisseur, où vous avez le sentiment de ne pas créer le changement autant que vous le pourriez. Peut-être commencez-vous à assimiler votre travail à une corvée, remarquez-vous que vous êtes éteint ou vous sentez-vous frustré par vos clients en raison des choix qu'ils font, ou ne font pas. Quel que soit le regard que vous portez sur votre travail, le feu de la passion n'est plus là.

Croyez-moi, je suis passé par là et je suis là pour vous rassurer. Car la passion peut *absolument* renaître. C'est généralement très facile, à condition de poser les bonnes questions. J'ai justement cinq questions générales pour vous, dont certaines sous-tendent d'autres questions ; toutes ont la capacité d'être l'étincelle qui rallume le feu.

Examinons maintenant chaque grande question l'une après l'autre.

1. Résistez-vous à vos capacités ?

Il peut paraître étrange de poser ce genre de question à ce moment précis du livre, mais pour toute personne qui n'exploite pas tout son potentiel de guérisseur, je commencerais par regarder s'il n'y a pas une résistance quelque part. En particulier, je demanderais : *se pourrait-il que vous résistiez d'une manière ou d'une autre à vos capacités, à votre talent et à votre don ?*

Pour beaucoup de guérisseurs, ce n'est pas le premier rodéo : ils pratiquent le dialogue subtil avec les corps depuis plusieurs incarnations, qu'ils en soient conscients ou non.

Est-il possible que vous ayez eu dans une vie antérieure une expérience au cours de laquelle votre nature empathique vous a conduit à prendre sur vous tellement de souffrance que vous avez décidé qu'il était trop douloureux d'être guérisseur, d'avoir autant de pouvoir ou d'avoir un tel niveau de conscience ?

Est-il possible que vous ayez décidé de *ne jamais plus revivre cela ?*

Si cela suscite une sensation de légèreté en vous, je vous invite à commencer par prendre conscience que si c'était votre sentiment à l'époque, les choses sont aujourd'hui différentes. Car vous avez une beaucoup plus grande conscience à votre disposition.

> *Tout ce qui a été fait pour vous amener à décider que vous ne vouliez pas être guérisseur, que vous ne vouliez pas être empathique, que vous ne vouliez pas avoir autant de pouvoir, que vous ne vouliez pas avoir un tel niveau de conscience, allez-vous maintenant le détruire et le décréer ?* ***Right and wrong, good and bad, POD and POC, all 9, shorts, boys and beyonds.***

Quoi que vous ayez traversé dans d'autres vies, même si vous vous êtes trouvé en des lieux où une bombe nucléaire avait explosé et où le fait de guérir autrui a été tellement exigeant pour vous que votre corps est mort dans de grandes souffrances et que cela vous a amené à prendre la décision suivante : *jamais plus je ne veux refaire cela*, ne laissez pas cette pensée être la raison pour laquelle vous vous coupez des facultés et du don que vous avez naturellement dans cette vie-ci.

Comment inverser la tendance ? Au lieu de penser : *je ne veux pas faire cela, je ne veux pas ressentir cela, je ne veux pas être aussi conscient*, que se passerait-il si vous vous permettiez de dire :

Tu sais quoi ? Oui, j'ai vécu par le passé des expériences qui m'ont peut-être donné envie d'arrêter, mais dans cette vie-ci, je vais le faire, je vais être cela. Je vais revendiquer et assumer mes facultés de guérisseur afin de savoir comment les utiliser, de sorte que mon corps n'ait plus à en souffrir. Ainsi, je n'aurai pas à avoir le sentiment d'être seul au monde et je pourrai faire ce que je suis venu réaliser ici.

> *Tout ce qui ne permet pas cela, en d'autres termes tout ce qui ne vous permet pas de revendiquer et d'assumer vos facultés de guérisseur et leur éclat, partout où vous avez décidé d'y renoncer comme si cela pouvait vous libérer de cette tendance que vous avez à prendre la souffrance d'autrui sur vous, et partout où vous avez décidé que cela faisait trop, que cela faisait trop de conscience et de pouvoir et que vous ne vouliez pas le faire, allez-vous maintenant le détruire et le décréer ?* ***Right and wrong, good and bad, POD and POC, all 9, shorts, boys and beyonds.***

La véritable raison pour laquelle vous vous êtes tourné vers la guérison au départ, pour laquelle vous avez choisi ce livre et avez poursuivi votre lecture aussi loin, est que vous souhaitez renouer avec la magnificence de votre capacité à offrir aux autres des possibilités différentes dans leur vie, et avec la magnificence de votre aptitude à transformer la souffrance des autres et à les guérir.

Et… au-delà, peut-être… afin de contribuer à la création d'un monde rempli de possibilités… de magie… de miracles… et de joie…

Pouvez-vous le reconnaître ? Vous êtes tellement brillant, vous êtes une lumière si éclatante. Je vous remercie d'être là. Sur cette belle planète. En cet instant.

2. Êtes-vous dans la question ?

Chaque fois que, lors d'une séance, vous vous retrouvez soudain bloqué et que vous savez que vous ne créez pas le changement autant que vous pourriez le faire, tournez-vous vers la question. Toujours. Vérifiez rapidement en vous : *suis-je en train de guérir à partir de la question ? Ou est-ce que je recherche simplement des réponses ?* Souvenez-vous, les réponses, les remèdes et les conclusions ont tous une énergie très solide rendant le changement improbable.

À l'inverse, les questions créent de l'espace, de l'expansion et des possibilités. À partir de là, vous pouvez percevoir les zones de solidité dans les corps sur lesquels vous travaillez.

Voici quelques suggestions de questions pour les moments où vous vous sentez bloqué :

Quelle question puis-je maintenant poser
pour prendre conscience de ce qu'il faut
faire, et ainsi aider cette personne ?

Quelle question est-ce que je ne pose pas, alors que si je la posais, cela me permettrait d'aider cette personne ?

Quoi d'autre est possible ?

Qu'est-ce qui est possible au-delà de cette réalité, que je pense ne pas être possible, et qui, si je laissais simplement être cette possibilité, actualiserait une réalité différente et plus grande ?

Comment ça devient encore mieux que ça ?

De quoi suis-je conscient et de quoi suis-je capable, que je ne choisis et ne reconnais pas, et qui permettrait que cela change ?

Chaque fois que vous vous sentez perdu, comme si quelqu'un vous avait pris tout votre pouvoir, que votre don vous avait quitté, que vous ne pouviez pas vous souvenir des questions que je viens de vous suggérer, et chaque fois que tout vous paraît énorme et effrayant, restez calme. J'ai pour vous quatre questions simples qui sont carrément fantastiques. Je vous recommande vivement d'avoir à tout moment ces quatre questions à disposition dans votre arsenal, pour les moments où vous travaillez sur autrui ou alors pour ceux où vous progressez dans votre vie, sans être sûr de savoir comment aller de l'avant ou vous tirer d'un mauvais pas.

Les voici :

Qu'est-ce que c'est en réalité ?

Qu'est-ce que j'en fais ?

Est-ce que je peux changer cela ?

Et si oui, comment changer cela ?

Ces quatre belles questions ont pour effet de vous éloigner de la porte sur laquelle il est inscrit TU AS TORT. Je connais trop de guérisseurs qui ont tendance à se heurter à cette porte quand ils ne créent pas le changement autant qu'ils le pourraient, personnellement ou professionnellement.

Quand cela vous arrive, n'hésitez pas à vous tourner vers la question, au lieu de croire que c'est vous qui êtes en tort, et je vous assure qu'ainsi, vous avez de bien meilleures chances de dépasser ce blocage. Et souvenez-vous… il y a vraiment, mais vraiment de fortes chances que ce que vous captez appartienne à votre client, et que ce soit exactement ce pour quoi il a besoin de votre assistance.

Oh, et pour votre information, *qu'est-ce que je fais de mal ?* n'est pas une question ! C'est un jugement déguisé en question.

Astucieux, hein ?! Quand vous vous en apercevez, cela devient tout à fait évident.

Encore une fois, voici ces quatre questions magnifiquement adaptables :

Qu'est-ce que c'est en réalité ?

Qu'est-ce que j'en fais ?

Est-ce que je peux changer cela ?

Et si oui, comment changer cela ?

Quand vous faites appel à ces questions, remarquez l'espace qu'elles créent. Tout prétendu problème devient si spacieux et si joyeux que vous pourriez presque entendre des anges rire et battre des ailes pour vous féliciter.

Ne serait-ce pas fabuleux si, pendant que vous faites une séance, vous aviez cette manière très simple de transcender la situation grâce à ces quatre questions, petites mais costaudes ?!

Oh, mais attendez, vous pouvez le faire, maintenant !

3. Êtes-vous attaché au résultat ?

C'est une question importante. Si vous choisissez de travailler sur le corps de personnes qui vous sont chères (et ce pourrait bien être tout le monde, vu que vous êtes quelqu'un de compatissant), le fait d'avoir un intérêt personnel dans le résultat est un piège dans lequel vous pouvez facilement tomber à votre insu.

Être attaché au résultat fait naître en vous un désir, voire un besoin très fort de voir votre client changer. Pour une raison ou une autre, vous serrez très fermement l'étau, en contractant les muscles et en serrant les dents, vous avez envie que votre client choisisse ce que vous estimez être bon pour lui. Fondamentalement, vous vous êtes fourré jusqu'au cou dans les jugements et points de vue, et voici le message que vous lui transmettez : « Tu devrais changer, tu devrais changer, tu devrais changer. »

Même si vous agissez ainsi par bienveillance, au fond, c'est un jugement que vous projetez sur votre client. Un jugement solide et inflexible. Il culpabilisera et se sentira en tort ; y a-t-il une seule chance que cette énergie solide engendre le changement ? Je pense que vous connaissez la réponse.

Voici votre déblayage dans les situations où vous avez vraiment un intérêt personnel dans le résultat. Utilisez-la, je vous en supplie !

> *Tout ce que je fais pour être attaché au résultat, tout ce sur quoi je me suis aligné et accordé, tout ce à quoi j'ai résisté et réagi et qui fait que je n'ai pas de laisser-être par rapport au fait que cette personne change ou non, détruisons-le et décréons-le.* ***Right and wrong, good and bad, POD and POC, all 9, shorts, boys and beyonds.***

Et si, quand vous travaillez sur quelqu'un qui compte pour vous, vous cultiviez le sentiment suivant : « Salut, je suis là pour toi. Tu peux changer ou pas, à toi de choisir. »

Ressentez-vous à quel point il s'agit d'un espace d'être entièrement différent ? Il est dénué de jugement, c'est le laisser-être véritable. C'est l'espace qui permet aux gens de changer, car, s'il vous plaît, prenez conscience que nombre des raisons pour lesquelles les gens viennent vous voir sont liées à des problématiques pour lesquelles on les a jugés toute leur vie et pour lesquelles ils se jugent probablement depuis très longtemps aussi. Aussi, est-il surprenant que l'énergie liée au sentiment de ne pas être « à la hauteur » pour changer la situation, leur décision de ne pas encore changer ou leur croyance que cela ne changera jamais, pointe le bout de son nez joliment tordu ?

Soyez l'espace du laisser-être et voyez à quel point vous pouvez faire, être et offrir plus. *Et appréciez.*

4. Vous ennuyez-vous ?

Si vous pratiquez depuis un certain temps et que vous obtenez des résultats, mais que… vous prenez conscience qu'en quelque sorte vous stagnez, et qu'à l'idée de travailler sur autrui, à l'intérieur ça fait « bof », alors je suis prêt à parier que c'est parce que votre fonctionnement est le suivant : *quand j'ai des gens qui ont mal au dos, je procède de cette manière-ci. Quand j'ai des personnes qui ont un cancer, je procède de cette manière-là. Et quand j'ai des personnes qui ont des problèmes musculo-squelettiques, je procède de telle autre manière.*

Tout est très ordonné. Très A + B = C. Pas très chaotique, pas très conscient et pas du tout créatif. Sans parler de : pas du tout VOUS !

Quand vous stagnez, c'est généralement parce que c'est la recherche de réponses, de conclusions et d'ordre qui vous anime. Dans ce genre de situation, je recommande toujours une bonne dose de chaos. Comment ? Soyez davantage dans la question pour voir quoi d'autre est possible.

Essayez ceci :

> *Quelle question pouvez-vous être et poser, que vous n'avez pas encore choisi d'être ou de poser, qui, si vous choisissiez de l'être et de la poser, tout s'illuminerait / s'allègerait dans votre pratique ?* **Tout ce qui ne permet pas cela, right and wrong, good and bad, POD and POC, all 9, shorts, boys and beyonds.**

5. Votre travail vous agace-t-il ?

La page suivante pourrait être soit absolument terrifiante, soit absolument palpitante pour vous, en fonction de votre point de vue au sujet de l'argent et du fait d'en recevoir en tant que guérisseur. Vous avez de la chance, j'ai consacré tout un chapitre à ce sujet, et c'est justement le suivant. Peut-être y avez-vous déjà jeté un coup d'œil ? Auquel cas je ne vous en voudrais pas, car c'est un sujet TRÈS délicat dans le dialogue avec les corps !

Pour l'instant, sachez simplement que quand vous commencez à avoir de la réticence à travailler, quand vous n'avez plus envie de vous rendre à votre cabinet, quand vous ne voulez plus travailler sur les gens, quand cela ne vous procure plus de plaisir, c'est, dans 99 % des cas, parce que ne vous faites pas payer suffisamment.

J'en suis moi-même passé par là, et je n'avais pas la moindre idée que c'était une question d'argent. Je vais explorer cela avec vous en profondeur au chapitre suivant, mais pour l'instant, voici une question que vous pouvez vous poser si, et quand, vous avez le sentiment que votre travail n'est pas agréable et vous ne créez pas le changement autant que vous le pourriez :

Quel montant faudrait-il que je
demande pour retrouver du plaisir ?

Ressentez l'énergie de cette question et passez courageusement au chapitre 12, mon ami.

12.

Connaître sa valeur en tant que guérisseur : méritez-vous d'être payé ?

S'il y a bien une question capable de faire remonter des tonnes de problématiques, de blocages et de sensations de mains moites chez les personnes qui pratiquent le dialogue avec les corps dans le monde entier, c'est celle-ci :

Est-il acceptable de me faire payer ?

Ça vous semble familier ? Et que pensez-vous de celle-ci : *est-il acceptable de **bien** me faire payer ?*

Soyez honnête, pensez-vous que vous, en tant que guérisseur, devriez être vraiment bien payé ? Au point d'avoir des revenus à six chiffres ? Voire plus ?

Si vous vous sentez confus, si vous avez peur, si vous résistez ou si vous réagissez d'une quelconque manière en lisant cela, je vous assure que vous n'êtes pas le seul, et je suis très heureux de pouvoir vous faire découvrir ce chapitre, car croyez-moi, j'en suis passé par là moi aussi.

À l'époque où j'ai découvert Access, j'avais beaucoup d'appréhension à l'idée de me faire payer pour le travail que je faisais sur les gens, et ce sentiment était renforcé par des tas de problématiques que j'avais au sujet de l'argent et du fait de recevoir en général.

Plus précisément, comme me l'a dit mon bon et sage ami Gary il y a de nombreuses années : « Dain, ce ne sont pas des problèmes avec l'argent que tu as. Tes problèmes sont liés à ce que tu es prêt à recevoir. »

Pour un déclic, quel déclic ! Et accessoirement, ce n'est que le premier parmi de nombreux autres que je vous raconterai dans ce chapitre. Bien sûr, Gary avait raison : mon gros problème, c'était de recevoir en général, et pas seulement de l'argent. C'est souvent le cas ! On pense avoir un problème avec l'argent quand en réalité, ce qui vous freine prend racine dans le fait de recevoir quoi que ce soit.

Il m'a fallu me libérer de mes croyances limitantes, en plus d'avoir certaines prises de conscience (je vais bientôt tout vous raconter) pour réussir à être aujourd'hui totalement à l'aise (et dans la joie, ô surprise !) à l'idée de me faire payer pour mon travail.

Au passage, vous êtes-vous senti concerné quand je vous ai confié que j'avais autrefois du mal à recevoir ? Alors peut-être est-ce vrai pour vous aussi. Auquel cas, dites ceci :

> *Qu'avez-vous décidé que recevoir était, que ce n'est pas ? Tout ceci, fois un dieulliard, allez-vous le détruire et le décréer ?* ***Right and wrong, good and bad, POD and POC, all 9, shorts, boys and beyonds.***

Et…

> *Qu'avez-vous décidé que recevoir n'était pas, alors que cela l'est ? Tout ceci, fois un dieulliard, allez-vous le détruire et le décréer ?* **Right and wrong, good and bad, POD and POC, all 9, shorts, boys and beyonds.**

Mon espoir est qu'en racontant ce qui m'a longtemps bloqué et limité sur le plan financier, je puisse à mon tour vous faire prendre conscience de ces problématiques, car, cher guérisseur, vous méritez tout à fait de vous faire payer, et même bien, pour les changements que vous accompagnez.

Nous sommes sur le point de découvrir les trois croyances limitantes les plus fréquentes chez les guérisseurs, et d'explorer quelques prises de conscience au sujet de l'argent qui peuvent provoquer un changement phénoménal de perspective. Si cela vous parle, attendez-vous à être conduit vers un espace où enfin, vous verrez que vous méritez d'être bien payé pour ce que vous faites, que ce que vous gagnez reflète le cadeau que vous êtes et le changement que vous pouvez créer, *et* enfin que cela vous permet d'accéder à vos véritables capacités, à votre véritable potentiel de guérisseur.

Commençons à découvrir ces croyances limitantes.

Point de vue limitant n° 1 : vous devriez travailler gratuitement

… et si vous vous faites payer, vous devriez seulement demander un tout petit peu d'argent. Et n'augmentez jamais vos tarifs. En fait, vous savez quoi ? Travaillez gratuitement.

Il y a un point de vue dominant qu'ont beaucoup de gens sur cette planète :

Si vous œuvrez pour le bien d'autrui, vous devriez le faire gratuitement.

Il y a le sentiment que, notamment si vous avez un don spécifique, vous avez le devoir de le partager, sans aucune rétribution financière. Après tout, vous êtes guérisseur ; vous ne devriez pas être préoccupé par toutes ces questions bassement matérielles, n'est-ce pas ? Et si vous l'êtes, c'est que vous êtes cupide et que vous exploitez les autres, alors que vous devriez vraiment être parfaitement altruiste et spirituel.

En voilà un point de vue limitant ! Sans parler du fait que c'est un énorme jugement, qui est donc très, très destructeur.

En réalité, nous avons tous des factures à payer et nous devons tous manger ; et nous avons beau en être conscients, cela ne suffit pas à subvenir à nos besoins dans cette réalité. Pour continuer de travailler en tant que guérisseur, pour continuer ce dialogue subtil avec les corps, il faut se faire payer pour durer.

Je vous prie de ne pas vous approprier ce point de vue limitant, de ne pas y croire, ni d'alimenter les doutes que vous avez peut-être à l'idée de fixer un montant pour votre travail de guérisseur. Ne privez pas le monde de votre talent, de cette invitation unique que vous êtes.

Prêt à lâcher prise ? Note : certains d'entre vous auront peut-être envie de dire plusieurs fois ce déblayage :

> *Partout où vous avez acheté l'idée que vous devriez travailler gratuitement ou pour une somme modique,*

allez-vous détruire et décréer cela ? ***Right and wrong, good and bad, POD and POC, all 9, shorts, boys and beyonds.***

Et…

Partout où vous avez acheté l'idée que, parce que vous faites un travail « spirituel » ou de « guérison », vous vous devez de le faire gratuitement, allez-vous détruire et décréer cela ? ***Right and wrong, good and bad, POD and POC, all 9, shorts, boys and beyonds.***

Point de vue limitant n° 2 : l'argent est la racine de tous les maux

Avant d'aller au cœur de cette croyance, reprenons les faits et mettons les points sur les I : « L'argent est la racine de tous les maux » est l'une des citations bibliques les plus déformées et incomprises. La vraie citation est la suivante : « *L'amour de l'argent est une racine de tous les maux* » (ou, selon une autre traduction, « C'est la racine de tous les maux que la *convoitise* des richesses »). Ce n'est pas du tout la même chose. Songez-y : intrinsèquement, l'argent n'est pas une mauvaise chose. En soi, le billet de 5, 10 ou 50 € que vous avez en poche n'a rien de négatif (ni de positif).

Les choses ne deviennent problématiques qu'à partir du moment où l'amour de l'argent dépasse l'amour de la création, et quand on valorise l'argent plus que tout, en particulier plus que ce que l'on peut apporter aux autres ou que le cadeau que l'on peut être pour autrui.

Quand on regarde les choses sous cet angle, elles sont très simples : on peut apprécier l'argent sans qu'il soit ce qu'il y a de plus précieux dans la vie. On peut être disposé à en avoir, sans qu'il dirige notre vie, *droit dans le mur.*

Point de vue limitant n° 3 : gagner de l'argent est difficile / Il n'est pas normal de gagner de l'argent en s'amusant / De toute façon, je ne mérite pas d'avoir beaucoup d'argent

(En gros, n'importe quel point de vue au sujet de l'argent que vous ont transmis vos parents.)

(Et d'autres personnes au cours de votre vie.)

Vous vous souvenez que, telles des éponges, nous absorbons toutes les croyances, tous les jugements et tous les points de vue de tous les gens qui nous entourent ?

Voici une question :

Est-il possible que vous ayez acheté la réalité financière de quelqu'un d'autre et que vous vous la soyez appropriée, alors que ce n'était en réalité pas la vôtre ?

Et à qui pourrait appartenir cette réalité ?

Il tombe sous le sens que beaucoup d'entre nous ont probablement pris sur eux la réalité financière de leurs parents ou des personnes qui les ont élevés. Prenez quelques instants pour songer à l'attitude et à l'atmosphère qui entouraient l'argent quand vous étiez enfant.

L'argent était-il rare ou abondant ? S'il était rare, il y a des chances qu'il ait été associé à beaucoup de stress et d'inquiétude, ce qui est bien compréhensible.

Mais même dans les ménages où l'argent ne semble pas être un problème, il peut quand même y avoir des angoisses sous-jacentes à ce sujet. Souvent, les personnes les plus riches sont les plus hésitantes à dépenser et à apprécier leur opulence, parce que leur mentalité au sujet de l'argent est dominée par la rareté, alors même qu'en réalité, il coule à flots dans leur vie. Si vous avez du mal à recevoir, les choses ne sont pas aussi simples que « J'ai été élevé dans la richesse ou j'ai été élevé dans la pauvreté ». Souvent, il faut aller creuser beaucoup plus en profondeur.

Ce qu'il y a de merveilleux, c'est que vous pouvez désormais choisir de vous libérer de toute réalité financière qui ne vous appartient pas. Quelle que soit la mentalité au sujet de l'argent que vous vous êtes appropriée au cours de votre vie, vous pouvez maintenant choisir de vous en libérer, ce qui agira à de multiples niveaux et vous permettra d'aimer recevoir de l'argent pour l'incroyable travail que vous réalisez.

> *À qui appartient la réalité financière que vous considérez comme réelle et vraie dans votre vie, alors qu'elle ne l'est pas ? Tout ceci, fois un dieulliard, allez-vous le détruire et le décréer ?* ***Right and wrong, good and bad, POD and POC, all 9, shorts, boys and beyonds.***

Autre point à prendre en considération : en tant que guérisseur, vous avez peut-être hérité des réalités financières d'autres personnes qui font un travail similaire au vôtre. Si, sur votre chemin, vous avez rencontré d'autres guérisseurs qui soit travaillaient gratuitement, soit croyaient qu'ils devaient se faire payer très peu, se pourrait-il que vous ayez fait de leur point de vue votre réalité ?

Répétez le déblayage précédent :

> *À qui appartient la réalité financière que vous considérez comme réelle et vraie dans votre vie, alors qu'elle ne l'est pas ? Tout ceci, fois un dieulliard, allez-vous le détruire et le décréer ?* ***Right and wrong, good and bad, POD and POC, all 9, shorts, boys and beyonds.***

Maintenant, il ne s'agit là que de trois des croyances limitantes courantes que les guérisseurs, qu'ils pratiquent depuis peu ou depuis des années, doivent souvent gérer. Si vous pouvez vous libérer de ces croyances, ou tout du moins les voir pour ce qu'elles sont, à savoir des croyances très limitantes qui ne sont probablement pas les vôtres et qui sont potentiellement très destructrices, alors votre réalité au sujet de l'argent et de vos revenus en tant que guérisseur peut commencer à changer et même à dépasser vos rêves les plus fous.

Prêt pour d'autres prises de conscience ?

Prise de conscience n° 1 : vous pouvez à la fois être conscient *et* désirer (et avoir) de l'argent.

Mais oui, ces deux éléments peuvent très bien aller de pair ! Je suis sûr que ce qui vous a amené à ce genre de profession a été le désir d'apporter quelque chose à autrui, de donner aux autres et de créer un changement dans le monde. Sachant cela, je serais surpris que l'argent soit la principale raison ou influence pour laquelle vous êtes guérisseur ou envisagez de sauter le pas et de le devenir.

Il y a cependant un « mais » : ce n'est pas parce que vous ne voulez pas faire de l'argent votre priorité numéro un que cela signifie que vous ne devriez pas avoir ou désirer l'argent qui vous permettra de créer une vie épanouissante pour vous-même et les personnes qui vous sont chères.

Si cela suscite une sensation de légèreté en vous, je vous invite à vous accorder la permission d'avoir de l'argent, d'accueillir l'idée de gagner de l'argent en tant que guérisseur et d'être à l'aise avec le fait de désirer de l'argent.

Cela ne fait nullement de vous quelqu'un de cupide ou de méchant. S'il est vrai qu'il y a, dans le monde, beaucoup de cupidité et de gens obnubilés par l'argent au pouvoir, ce n'est pas parce qu'ils procèdent ainsi que vous appartenez à la même catégorie ou que vous avez la même mentalité.

Encore une fois, en soi, l'argent n'est pas une mauvaise chose. Vous pouvez à la fois être conscient et désirer de l'argent.

> *Tous les mensonges que vous avez achetés au sujet des personnes ayant de l'argent, de leur malveillance et de leur hostilité, qui font que vous n'avez jamais voulu être comme eux, allez-vous détruire et décréer tout cela ?* ***Right and wrong, good and bad, POD and POC, all 9, shorts, boys and beyonds.***

Au passage, j'ai moi-même cru à ce mensonge, à savoir que je ne pouvais pas être à la fois conscient et riche, raison pour laquelle je ne pouvais pas payer mon loyer avant de commencer à appliquer les outils d'Access Consciousness.

Prise de conscience n° 2 : il y a un rapport entre le montant que vous demandez, l'étendue du changement que vous pouvez créer *et* l'étendue du changement que le client se permettra d'avoir

C'est un point très important. Quand j'ai découvert Access, j'étais toujours chiropraticien installé et je demandais 25 $ par séance. Au cours d'une conversation avec Gary, il m'a demandé quel genre de résultats j'obtenais pour cette somme ; je lui ai expliqué que, d'un côté, certaines personnes parvenaient à des résultats incroyables, mais que dans l'ensemble, j'avais le sentiment d'être loin de créer un changement aussi radical que j'en étais capable.

Gary, qui a le don de savoir aller au cœur du problème, m'a dit : « C'est parce que tu ne demandes pas assez. »

Je dois admettre que j'étais perplexe ; je m'étais attendu à ce qu'il me donne des conseils au sujet d'une technique, ou peut-être à ce qu'il me propose un outil. Je lui ai donc demandé ce qu'il entendait par là, ce à quoi il m'a répondu : « Jusqu'où les gens sont-ils prêts à changer quand ils te payent 25 $? »

Comme je ne comprenais toujours pas clairement où il voulait en venir, il a été un peu plus direct avec moi : « Dain, 25 $, cela fait environ deux entrées au cinéma. 25 $, voilà l'étendue du changement que tes clients sont prêts à avoir. »

Ah... bon... je commençais enfin à comprendre ! Si je demandais à peu près la même somme que le prix de deux tickets de cinéma, mes clients accepteraient un changement à la hauteur de ce qu'ils retireraient d'un film. Et quelle est la portée du changement chez les spectateurs qui vont voir un film au cinéma ? Cela ne va pas bien loin, et ce n'est pas très durable.

C'est le premier pas que j'ai fait pour mieux comprendre la valeur que je me donnais. En fait, cela a constitué une prise de conscience majeure, parce que cela m'a permis de voir que le montant que je demandais avait un rapport direct avec l'étendue du changement que je pouvais créer dans la vie de mes clients ; et plus que tout, je voulais travailler avec des personnes afin d'apporter la guérison et le changement dans leur vie.

Prise de conscience n° 3 : le but, quand on a de l'argent, est de tirer les gens vers le haut

Cette perspective m'a, une nouvelle fois, été proposée par l'astucieux Gary, spécialiste des prises de conscience, quand il m'a demandé : « Pourras-tu davantage changer le monde avec ou sans argent ? »

C'était tout vu : « Avec, bien sûr », ai-je répondu.

« Exact, a-t-il confirmé, et le but, quand on a de l'argent, est de tirer la réalité des gens vers le haut. »

C'était un énième déclic pour moi ! C'était la première fois qu'on me laissait entendre que l'argent pouvait accomplir de belles, grandes et incroyables choses. C'était palpitant, très motivant. C'est à partir de là que ma situation financière a commencé à évoluer.

Tout ce que vous avez fait pour vous donner tort de demander de l'argent en échange de vos services et partout où vous manquez de vous étouffer quand vous informez les gens sur vos tarifs et avez bien sûr le sentiment de trop demander, allez-vous détruire et décréer cela ? ***Right and wrong, good and bad, POD and POC, all 9, shorts, boys and beyonds.***

J'espère vraiment que ces prises de conscience vous mettront plus à l'aise avec l'argent, parce que je sais à quel point cela peut entraver votre don.

Maintenant, passons en revue les points à prendre en considération quand on fixe ses tarifs.

Dans la pratique : fixer ses tarifs

Voici deux questions géniales que vous pouvez vous poser pour vous mettre en phase avec les tarifs que vous devriez pratiquer. Elles sont incluses dans l'histoire qui suit, dans laquelle je vous montrerai comment je me suis moi-même servi de ces questions pour remédier à mes problèmes avec le fait de recevoir.

À l'époque où j'ai découvert Access et où je mettais en place mon travail énergétique, Gary est venu me voir pour faire une séance. Au début, il m'a suggéré de demander à son corps ce dont il avait besoin. C'était la première fois que j'entendais parler de ce concept qui consiste à demander au corps ce qu'il veut. C'est d'autant plus intéressant que c'est aujourd'hui au cœur de ma pratique !

À vrai dire, à l'époque, je n'avais pas la moindre idée de ce que Gary entendait par là. Après une courte hésitation, j'ai essayé :

j'ai demandé à son corps ce dont il avait besoin. Je me suis branché sur son énergie et j'ai commencé à créer le changement dans le corps de Gary comme aucun de nous deux ne l'avait fait jusque-là. Ce qui est apparu lors de cette séance a été la genèse, le commencement de l'*ESB* (la Synthèse Énergétique d'Être), technique que je pratique désormais et que j'enseigne dans le monde entier.

Lors de cette expérience, c'est comme si une porte s'était ouverte sur un nouveau champ des possibles pour moi dans le domaine de la guérison, et c'est pourquoi, lorsque Gary m'a invité à proposer des séances d'*ESB* lors de la prochaine classe avancée Access, j'étais très enthousiaste. Et puis, il y a eu la grande question : « Alors Dain, combien vas-tu te faire payer ? »

Tiens ! Revoilà mes problèmes avec l'argent et la capacité à recevoir ! Je ne savais pas du tout quoi répondre ; j'ai donc décidé de demander conseil à une facilitatrice Access expérimentée, qui m'a posé une question très utile et percutante, que j'ai la joie de vous transmettre :

Quelle somme serait-il palpitant de demander,
que tu as presque peur de réclamer, mais qui
te rendrait très heureux si tu la recevais ?

Sérieusement, relisez-la, soulignez-la, notez-la dans un carnet ou ailleurs, parce que cette question, quel cadeau !

J'ai pris quelques instants de réflexion avant de lui livrer ma réponse. Et dans ce qui me semblait sincèrement être un moment où j'étais en train de décrocher la lune, je lui ai dit : « 60 $ la séance ». Sérieusement, cette somme suscitait en moi les sensations de peur et d'excitation dont elle parlait.

« Très bien, m'a-t-elle répondu, mais à quel point les gens vont-ils changer pour 60 $? »

Ah, me suis-je dit. Cela me rappelle quelque chose. On en revenait à cette prise de conscience que Gary m'avait permis d'avoir au sujet de l'étendue du changement que je pouvais créer avec 25 $, soit deux entrées au cinéma. Il est bon de s'en souvenir : parfois, il nous faut un certain temps avant de vraiment comprendre et déconstruire quelque chose, en particulier quand cela concerne nos habitudes profondément enracinées et nos vieux schémas de pensées.

Voici ce que j'ai fait. J'ai marqué une pause et j'ai perçu l'énergie de l'étendue du changement qui se produisait chez les gens quand je leur demandais 25 $. J'ai immédiatement su quoi répondre : très peu.

Ensuite, j'ai capté l'énergie de l'étendue du changement que les gens seraient prêts à recevoir s'ils me payaient 60 $. J'ai alors pris conscience qu'ils recevraient beaucoup plus, mais aussi que j'étais capable de davantage. Alors j'ai imaginé ce que je pourrais faire pour 80 $; l'écart entre ce que les gens recevraient pour 60 $ et pour 80 $ était tellement grand que j'ai finalement opté pour 80 $. Songez à mon degré d'excitation et de peur pour 60 $; alors vous imaginez pour 80 $?!

Gary m'a appelé et m'a demandé quel montant j'avais choisi, ce à quoi je lui ai répondu : « Gary, c'est tellement difficile pour moi de demander cette somme. » Honnêtement, je tremblais, mes molécules vibraient. J'ai inspiré et répondu : « 80 $ ».

« D'accord », a-t-il dit. Maintenant, passons directement au jour de la classe avancée Access. Gary a démarré la classe par une annonce, au cours de laquelle il m'a présenté à tout le monde et a dit que nous ne nous étions rencontrés que récemment, mais qu'en peu de temps, j'avais fait des choses incroyables pour lui et son corps. Il a expliqué que je proposais des séances individuelles et que d'habitude, je demandais 120 $, « mais, a-t-il ajouté, pour vous, il ne demandera que 80 $ ».

Je suis sûr que partout dans un rayon de 15 kilomètres autour de moi, on a entendu que j'ai failli m'étrangler à ce moment-là. Entendre 120 $ associés à mon nom était... disons, difficilement descriptible ! Peut-être en percevez-vous l'énergie. Quand on y songe, c'était presque cinq fois plus que la valeur que je m'étais donnée initialement. Absolument aucun mot ne pouvait décrire ce que je ressentais.

En vérité, j'ai fait vingt séances pendant cette première classe, et pas une seule personne ne m'a payé moins de 120 $. Et même, certaines personnes m'ont payé *davantage* pour refléter le changement qui s'était produit en elles. Cela a été un moment crucial dans ma vie et dans mon travail de guérisseur, une véritable reconnaissance de ce que je savais faire.

Le changement que j'ai créé pour 120 $ dépassait tout ce à quoi j'avais eu accès précédemment et, qui plus est, *mon travail était beaucoup plus simple.*

Voici pourquoi : quand une personne est prête à vous payer suffisamment, cela signifie qu'elle a franchi l'une des barrières qui l'empêchaient d'accéder au changement qu'elle demande. En franchissant cette barrière et en vous payant suffisamment, elle accepte de recevoir davantage.

Informer vos clients existants de votre augmentation de tarif

Il peut falloir un peu, voire beaucoup de courage pour augmenter ses tarifs. Voici comment gérer la situation. Même si j'explorais ces nouvelles techniques et ces nouveaux moyens de créer le changement dans le corps des gens, j'avais gardé mon cabinet de chiropraxie. Je savais que je devais proposer à mes clients de l'époque ce travail à partir de ce nouvel espace de guérison. Le problème était qu'ils me payaient à mon ancien tarif, soit 25 $, et que désormais, je demandais 120 $. Mais j'avais vu ce qui était possible et je ne pouvais pas revenir en arrière.

J'ai expliqué à mes clients de l'époque que j'avais été exposé à une nouvelle énergie qui avait un immense potentiel de guérison et avec laquelle il était très plaisant de travailler. J'ai ajouté que le nouveau prix serait de 120 $ par séance, que les séances seraient individuelles et qu'elles dureraient une heure. J'ai ajouté que s'ils voulaient me suivre sur ce chemin, c'était formidable, mais que s'ils n'étaient pas d'accord, je serais heureux de leur recommander un autre chiropraticien dans la même ville.

90 % de mes clients sont restés.

Ce qui a été miraculeux et merveilleux pour moi a été que les personnes qui sont restées ont obtenu le changement que j'avais toujours voulu être en mesure de créer dans leur vie durant toute ma carrière de chiropraticien, mais qui n'était pas possible pour un montant de 25 $.

En l'espace d'une heure, je créais un changement qui aurait auparavant pris six mois. Au beau milieu de mes séances, mes clients me lançaient un regard merveilleux, paisible et pour ainsi dire vide, qui signifiait : « Ouah ! Je ne savais pas que c'était possible », ce à quoi je répondais : « Moi non plus. N'est-ce pas fabuleux ? »

Là où avant, je proposais un changement mineur, limité, j'ai commencé à créer une transformation colossale chez moi et mes clients. Je comprends vraiment à quel point il est précieux de sortir de sa bulle financièrement.

Est-il temps pour vous de sortir de votre bulle ?

Trouver le montant idéal

Voici les deux questions à vous poser pour déterminer votre tarif :

1. Quelle somme serait-il palpitant de demander, que j'ai presque peur de réclamer, mais qui me rendrait très heureux si je la recevais ?
2. Pour ce montant, jusqu'où pourrait aller le changement chez mes clients ?

Le but est de trouver le montant idéal, c'est-à-dire d'explorer ce qu'il est palpitant de demander, puis de prendre en considération le degré de changement que vous pouvez engendrer pour la somme déterminée.

Maintenant, je vous prie d'être conscient lorsque vous explorez cette manière de fixer vos tarifs ! Bien sûr, il est incroyablement palpitant de demander 1 000 $, mais pouvez-vous facilement provoquer un changement équivalent à une telle somme ?

D'un autre côté, vous trouverez peut-être très facile de créer un changement équivalent à 50 $, mais cette somme vous enthousiasme-t-elle ? Si vous demandez 50 $, allez-vous finir aigri et désabusé ? Êtes-vous capable de créer un changement équivalent à une centaine de dollars, voire à 200 $?

Il n'y a que vous qui le sachiez, et je vous recommande de vous amuser pendant ce processus. Si la réponse ne vous vient pas aisément, relisez ce chapitre et répétez les déblayages autant de fois que nécessaire.

Pour conclure ce chapitre, je voudrais vous raconter une histoire qui m'a beaucoup aidé à accepter le fait que l'argent que je gagnais en tant que guérisseur pouvait rendre plus belle la vie d'une personne qui m'est très chère.

Changer la réalité de mon neveu

Mon neveu est un enfant d'une grande douceur. C'est l'un de ces enfants brillants. L'un de ces enfants comparables à un génie. Il est tellement intelligent. Et comme beaucoup de personnes intelligentes, il est très curieux et adore poser des questions.

En maternelle et au CP, il a eu des maîtresses qui ont reconnu en lui le cadeau qu'il est, et qui adoraient le fait qu'il pose tant de questions ; mais quand il est passé en CE1, tout a changé pour lui. Ce changement était lié au fait que sa nouvelle maîtresse prenait pour un manque de respect son habitude de lever fréquemment la main et sa curiosité naturelle. Elle se sentait même tellement offensée qu'il lui pose autant de questions qu'elle croyait qu'il essayait de la mettre à l'épreuve et de la prendre en défaut.

Dans cette école, à cette époque, si un élève faisait quelque chose qui contrariait sa maîtresse, il recevait un carton jaune en guise de « premier avertissement » et si à nouveau, il se comportait « mal », il recevait un carton rouge, ce qui signifiait qu'il ne pouvait aller ni en récréation ni à la cantine.

Chaque semaine, mon neveu recevait un carton rouge quatre jours sur cinq. Trois semaines après le début du CE1, quand il rentrait le soir, il avait les épaules voûtées et ressemblait à un vieil homme démoralisé qui détestait son travail et sa vie. Et il n'avait que 7 ans.

Très rapidement, j'ai compris que la situation était inacceptable. Je savais que mon neveu et moi-même comprenions sa vraie nature. J'ai discuté avec ma sœur de l'éventualité de le scolariser ailleurs, en sachant que si l'on pouvait lui trouver une école privée, il s'épanouirait et il pourrait se rendre compte que ce n'était pas lui le problème, que ses questions étaient merveilleuses et qu'il était un enfant extraordinaire, point barre.

À l'époque, ma sœur n'avait pas les moyens financiers pour procéder à un changement aussi important… Mais moi, oui. Nous avons découvert une incroyable école privée à trois kilomètres de l'endroit où ils vivaient et nous avons pris rendez-vous pour qu'il aille la visiter. Après une seule journée, il est rentré avec un grand sourire. Ses épaules s'étaient à nouveau redressées. Il était vivant. On avait retrouvé l'enfant heureux qu'il était. Je savais ce qu'il me restait à faire. « Inscris-le, ai-je dit à ma sœur, il commence demain. »

« Mais Dain, je n'ai pas les moyens. Ce serait génial, mais c'est impossible. »

Mais j'avais déjà pris ma décision : « C'est entre moi et lui. C'est moi qui paye. Il va y aller. Tu es ma petite sœur, je t'aime et cela doit être fait, parce que cela va donner un avenir différent à cet enfant. »

Depuis, il est en réussite. Il veut décrocher une bourse pour faire du volley-ball et il veut également devenir guérisseur. Mais ce qui me remplit de joie, c'est de songer à ce qu'aurait été son avenir si je n'avais pas pu payer cette école. Et je sais que son avenir n'aurait pas du tout été le même.

Faire payer vos séances est en réalité un cadeau pour vous-même et pour autrui

Cette perspective n'est-elle pas intéressante ?

C'est un cadeau pour vos clients, car cela leur permet d'ouvrir leur porte à un changement d'envergure, plus important que ce qu'ils recevront si vous travaillez sur eux gratuitement ou si vous demandez une misère pour vos services.

C'est un cadeau pour vous, parce que cela vous permet d'accéder à l'aisance financière et à la sérénité. Alors, à quel point serez-vous plus à l'aise avec vos clients ?

Et au-delà, **c'est un cadeau que vous faites à vos proches**. Jusqu'où pourrez-vous aider autrui si vous êtes à l'aise financièrement ? Peut-être avez-vous un neveu ou une nièce dont la réalité et l'avenir pourraient changer si vous aviez les moyens financiers de les aider.

Quand on cesse de considérer que l'argent est quelque chose de mauvais, de terrible, de vicieux, de malveillant et d'affreux, on peut créer tellement plus. Pour ses clients, pour soi-même et pour ses proches.

Comment ça devient encore mieux que ça ?

Créer l'avenir : de la théorie à la pratique

Tandis que nous approchons du terme de ce livre, je voudrais vous inviter à prendre quelques instants pour ressentir le monde que vous aimeriez créer.

Si vous pouviez créer le monde exactement comme vous le souhaiteriez, à quoi ressemblerait-il ? Quel serait votre ressenti ? Comment serait-il ? Certains d'entre vous auront peut-être besoin de quelques instants pour s'y plonger, tandis que pour d'autres, cela se fera d'emblée. Fermez les yeux si vous voulez.

Percevez l'énergie de ce monde. Remarquez qu'il y a probablement un sentiment dynamique de paix et beaucoup d'aisance. C'est probablement un lieu dans lequel on peut se rassembler et apporter sa contribution.

Peut-être y a-t-il une aisance financière, une abondance pour vous-même et toutes les personnes désireuses de les recevoir. Peut-être percevez-vous une communion, une connexion et une légèreté, dans lesquelles la guérison est facile, car les points de vue figés se dissolvent.

Une fois que vous avez capté cela, demandez-vous : *quel cadeau suis-je et quels sont les cadeaux uniques que j'offre à autrui, cadeaux que je n'ai jamais reconnus et qui permettront à ce monde de devenir réalité ?*

Saisissez cela. Est-ce facile pour vous ?

Beaucoup parmi nous ont tendance à croire que leurs plus belles qualités sont en réalité des faiblesses. Je travaille avec tant de personnes bienveillantes et attentionnées, c'est-à-dire le genre de personnes qu'il suffit de côtoyer pendant une minute pour que toute la fausseté, la séparation et tous les jugements disparaissent de votre univers. Et pourtant, elles refusent de voir ce talent naturel qu'elles ont eu toute leur vie.

En êtes-vous aussi passé par là ? Peut-être vous rabaissez-vous ou vous trouvez-vous des excuses quand vous faites preuve de bienveillance, d'humour ou de passion ? Et si, au lieu de fermer la porte, vous commenciez à l'ouvrir ?

Si on part de cette perception du monde que vous aimeriez créer et qu'on l'associe à vos talents uniques, voici une question que je vous pose :

Quelles sont les trois demandes et exigences que vous pouvez vous adresser maintenant et qui changeraient le cours de votre vie, afin que votre avenir soit conforme à vos souhaits ?

On peut parler d'un avenir plus radieux et émettre des théories à ce sujet, mais mettons-nous souvent nos idées en pratique ? Exigeons-nous souvent de nous-mêmes de faire et d'être tout ce qu'il faut afin de créer cet avenir plus radieux ?

Aimeriez-vous traiter cette question dès maintenant ? Si oui, vous pourriez dire la chose suivante :

> *Je serai, je ferai et je changerai tout ce qu'il faut pour créer l'avenir que je sais être possible. Et je serai bienveillant envers moi-même durant tout ce processus. Et tout ce qui m'empêche de...* Vous connaissez la suite.

Je vous invite à prendre note de cette ultime demande : soyez bienveillant avec vous-même. Quand vous ajoutez cet ingrédient à tout ce que nous avons appris jusqu'ici, et que vous l'intégrez au niveau de conscience auquel vous êtes en train d'accéder au sujet du monde que vous aimeriez créer, plus rien ne peut vous arrêter, mon ami.

J'espère sincèrement que vous percevez qui vous êtes vraiment et ce que vous êtes venu apporter sur Terre.

Choisissez la joie

Pouvez-vous choisir la joie tout en progressant sur votre chemin de vie ? Un guérisseur peut-il être joyeux, ou bien est-ce inapproprié ? Certains d'entre nous croient que nous autres guérisseurs sommes censés souffrir, et que nous ferions mieux de continuer de porter notre croix jusqu'à ce que toute la souffrance du monde soit éliminée. Et c'est seulement alors que nous pourrons choisir de vivre dans la joie. Logique, non ? Euh, en fait, non, pas du tout !

> *Partout où vous avez décidé que votre travail était de souffrir et que vous vous en sortez vraiment bien si vous souffrez, sachez que vous n'êtes pas toute la contribution que vous pourriez être lorsque vous souffrez. Tout ceci, fois un dieulliard, allez-vous*

***le détruire et le décréer ?* Right and wrong, good and bad, POD and POC, all 9, shorts, boys and beyonds.**

Mon point de vue est que notre travail consiste en fait à être joyeux jusqu'à ce que tout le monde soit désireux de choisir aussi la joie. C'est en étant nous-mêmes que nous pouvons inspirer la joie, la paix et l'aisance qui sont possibles pour tous. En étant en quelque sorte une vitrine de cette joie.

Telle est ma perception de l'un des plus beaux cadeaux que vous pouvez être sur cette planète : vous pouvez montrer aux autres ce qui est possible. Montrez-leur que vous pouvez être à l'aise avec votre corps, avec le fait de donner et de recevoir. Montrez-leur que vous pouvez avoir la joie, l'espace, l'aisance et l'épanouissement. Montrez-leur que vous n'êtes jamais obligé d'être autre chose que vous-même.

Et si le fait que vous soyez cette inspiration était l'un des moyens fondamentaux de créer un monde meilleur ?

Entrer dans le Royaume du Nous

Avez-vous déjà entendu parler du Royaume du Nous ? C'est un lieu où tout le monde est inclus et où personne ni rien n'est jugé. Cela ressemble beaucoup à la conscience, vous ne trouvez pas ?

Tout à fait, car en substance, le Royaume du Nous fonctionne à partir du niveau de conscience qui permet de se rendre compte que nous sommes tous interconnectés. Nous avons un sentiment de communion et de connexion avec tous et tout, y compris avec la Terre et avec toutes les personnes et les choses que nous rencontrons.

Comment se peut-il que nous ayons tant de chance ?

À l'autre extrémité du spectre, on a le Royaume du Moi, un lieu dans lequel, comme vous pouvez vous y attendre, tout tourne autour de l'individu. C'est un endroit alimenté par les jugements et les points de vue ; par conséquent, le conflit, la séparation et la souffrance y sont monnaie courante.

Dans quel royaume aimeriez-vous maintenant choisir de vivre ?

Je crois qu'enfin est venue l'heure du Royaume du Nous, de l'espace d'unité dans lequel nous pouvons tous être le cadeau que nous sommes les uns pour les autres.

Vous venez m'y rejoindre ?

Puis-je simplement vous dire… merci ?

Merci à VOUS d'avoir bien voulu vous
lancer dans cette aventure très différente.
Merci d'être qui et ce que vous êtes dans
le monde en ce moment même.

—

Sachez qu'un champ des possibles plus
bienveillant et plus doux est à votre portée.

—

Et si être vous était le cadeau, le changement
et la possibilité dont ce monde a besoin ?
Je suis plus qu'honoré de cheminer
avec vous. Je me réjouis de l'avenir
qu'ensemble, nous allons créer. Car…

—

Vous savez que vous faites partie
de ma tribu, n'est-ce pas ?

—

Vous faites partie des personnes qui créent des possibilités plus grandes pour autrui et qui utilisent leur être et leur énergie pour ce faire. Vous faites partie des personnes qui changent le monde sur le plan énergétique en étant autre chose, en mettant au monde une nouvelle possibilité. Vous êtes aussi brillant, aussi avant-gardiste que cela. Quel cadeau vous êtes !

—

S'il vous plaît, choisissez la joie. Soyez ému, touché, inspiré. Soyez curieux, ouvert, surpris.

Levez la main
si vous savez dialoguer
avec les corps !

Ressources : gros plan sur la formule de déblayage

Pour les personnes qui voudraient en savoir plus sur les mots et expressions qui composent la formule de déblayage d'Access Consciousness, je les invite à lire les pages suivantes ou à écouter la traduction française de ma présentation audio de cette formule sur le site français d'Access Consciousness :

https://www.accessconsciousness.com/fr/about/how-it-works/the-clearing-statement/

Voici la formule de déblayage :

Right and wrong, good and bad, POD and POC, all 9, shorts, boys and beyonds.

Intéressons-nous maintenant à ces mots et expressions qui sont de la bombe.

Commençons par *Right and wrong, good and bad.*

Right and wrong, good and bad signifie « juste et faux, bon et mauvais ». Cette formule désigne vos jugements sur ce que vous êtes en train de laisser partir.

Ce qui est bizarre, c'est que quand nous jugeons que quelque chose est mauvais, c'est en réalité moins limitant que quand nous jugeons que quelque chose est bon. Car quand nous jugeons que quelque chose est mauvais, au moins, nous sommes disposés à changer les choses. Alors que quand nous jugeons que quelque chose est bon, nous ne voulons pas que cela change, parce qu'enfin nous avons trouvé quelque chose qui nous convient !

Ainsi, la formule de déblayage déconstruit les jugements par lesquels quelque chose est considéré comme juste ou faux, bon ou mauvais, et elle ouvre l'espace énergétique du changement.

Et maintenant, POC and POD.

La formule de déblayage vous ramène au point de création (*Point of Creation*, POC) ou au point de destruction (*Point of Destruction*, POD), elle déconstruit les limitations provoquées par le point de création, où qu'il soit apparu.

Imaginez que vous avanciez sur le chemin de votre vie, quand tout d'un coup, au milieu, vous tombez sur un vieux et gros arbre qui vous empêche de passer et que vous n'avez pas encore réussi à contourner. À droite, une énorme montagne infranchissable ; à gauche, une falaise en cul-de-sac.

Qu'allez-vous faire ?

Vous pourriez découper l'arbre, en essayant de faire en sorte de débiter tous les morceaux, la souche et les racines… Et pourtant, comme nous le savons, en règle générale, l'arbre repousse.

Et si, à la place, vous pouviez suivre une feuille, puis une branche, puis le tronc et remonter dans le temps jusqu'au moment où la graine de la limitation a été plantée, en invitant cette graine à se dissoudre, à disparaître, et pouf! en remontant au point de création, où qu'il ait été créé.

Qu'arriverait-il à cet arbre qui vous limite ? Il disparaîtrait instantanément. C'est ce que fait la formule de déblayage. C'est comme si vous retiriez la carte sur laquelle repose tout un château de cartes. Tout l'édifice s'écroule !

All 9

All 9 désigne les neuf couches de cette formule de déblayage. J'ai joué un rôle important dans la mise en place de ces neuf couches et pourtant, je ne me souviens pas de toutes. Vous non plus n'êtes pas obligé de vous en souvenir. Mais fondamentalement, on en revient à ceci : chaque fois qu'on prononce cette formule de déblayage, on cherche à se débarrasser de la plus grande quantité de merde et de limitations, et pour ce faire, on passe par toutes les couches dont on connaît l'existence.

Si vous nettoyez suffisamment de crottin qui vous empêche d'avancer dans votre existence, vous tombez nécessairement sur le poney que vous êtes !

Shorts

Shorts est une abréviation qui signifie : qu'est-ce qui a du sens dans cette situation ? Qu'est-ce qui n'en a pas ? Quelle punition me réserve cette situation ? Et quelle récompense ?

Tout le monde comprend que les choses peuvent nous revenir en pleine figure quand nous donnons de l'importance à quelque chose, n'est-ce pas ? Mais les choses sont encore pires quand nous ne donnons pas d'importance à quelque chose qui en a. Chaque fois que vous rendez quelque chose insignifiant, alors que ça ne l'est pas, cela peut vous retomber dessus et vous pleuvoir sur la tête comme des débris spatiaux.

Exemple rapide : mon meilleur ami, Gary, le fondateur d'Access Consciousness, est un « boutiste ». Il enroule toujours son tube de dentifrice depuis l'extrémité. Ses deux femmes étaient du genre à appuyer au milieu du tube. Quand il rentrait dans sa salle de bains et qu'elles appuyaient au milieu du tube, cela le contrariait ou le frustrait. Mais il se disait : « Je ne peux pas me fâcher pour si peu. Cela n'a aucun sens. »

Pendant environ six mois, il a expédié ses contrariétés dans l'espace comme s'il s'agissait de débris spatiaux, parce qu'il considérait que c'était futile. Jusqu'au jour où, après s'être vraiment fâché à propos d'autre chose, il a hurlé : « Merde ! Mais tu ne peux pas appuyer comme il faut sur le tube de dentifrice ?! »

C'est ce qui se passe quand on considère que quelque chose est futile, alors que ce n'est pas le cas : vous expédiez cela dans l'univers comme si c'étaient des débris spatiaux, avant que cela vous retombe sur la tête au moment où vous vous y attendez le moins.

> *Alors, tout ce que vous considérez comme futile alors qu'en réalité, ça ne l'est pas pour vous, parce que c'était important, allez-vous maintenant le détruire et le décréer ?* **Right and wrong, good and bad, POD and POC, all 9, shorts, boys and beyonds.**

Ensuite *Boys*

Les *boys* désignent ce qu'on appelle les sphères nucléées. Combien de fois vous a-t-on dit qu'il vous fallait éplucher les différentes couches de l'oignon pour arriver au cœur du problème et combien de fois l'avez-vous épluché encore et encore, en n'obtenant que des larmes ?

Vous avez participé à des stages, des cours et des séances de méditation… À la suite, vous avez eu le sentiment qu'enfin vous étiez LIBRE, parce qu'enfin vous en aviez terminé avec une couche de cet oignon. Et puis, dans les jours qui ont suivi, vous avez eu le sentiment que cette couche repoussait et que tout cela n'avait servi à rien.

C'est parce qu'il ne s'agit pas d'un oignon, mais d'une structure énergétique appelée « sphère nucléée ». C'est ce à quoi vous essayez d'arriver, encore et encore, à l'infini.

> *Combien d'oignons avez-vous épluchés dans les différentes vies que vous avez eues, que vous continuez d'essayer d'éplucher, encore et encore, en n'obtenant que des larmes ? Pensez à toutes les sphères nucléées qui créent les larmes que vous considériez comme des oignons. Allez-vous maintenant détruire et décréer cela ?* ***Right and wrong, good and bad, POD and POC, all 9, shorts, boys and beyonds.***

Et enfin *Beyonds*

De quoi s'agit-il ? Vous est-il déjà arrivé de dire « Aaargh ! » dans certaines situations ? Cela vous a empêché de progresser et vous a sorti du moment présent. Il peut s'agir du moment où vous avez été licencié, du moment où vous avez appris la mort d'un proche, du moment où vous avez croisé votre partenaire amoureux en compagnie de quelqu'un d'autre ou du moment où vous avez pris conscience que vous deviez à la banque plus d'argent que vous n'en gagnerez jamais.

Les *beyonds* désignent les expériences que nous faisons et qui sont au-delà des pensées, des sentiments et des émotions.

> *Tous les* beyonds, *allez-vous maintenant les détruire et les décréer ?* ***Right and wrong, good and bad, POD and POC, all 9, shorts, boys and beyonds.***

Comment va votre tête ? Il est tout à fait normal que ces mots vous aient donné le vertige. Je comprends. Mais si vous êtes disposé à leur faire une place dans votre vie, vous pourrez commencer à créer la vie que vous aimeriez choisir, et c'est à ce moment-là, mon ami, que vous allez prendre votre envol.

Et si vous essayiez ? Tentez le coup et voyez ce que cela donne.

Vous n'avez rien à perdre, hormis vos limitations. À quel point cela est-il libérateur, palpitant et incroyable ? À quel point seriez-vous alors inconcevable, inarrêtable et libéré ?

L'heure est-elle venue de prendre votre envol ?

À propos de l'auteur

Le Dr Dain Heer est un auteur et acteur international du changement. Il est le cocréateur d'Access Consciousness, l'une des méthodes de développement personnel les plus en vue. Depuis plus de vingt ans, il voyage dans le monde entier pour animer des classes et des séminaires, en partageant son approche joyeuse de la vie et ses perspectives provocatrices au sujet de la conscience et de la création.

Après une formation initiale de chiropraxie, il a mis au point une approche totalement différente de la guérison, en donnant aux gens les moyens de reconnaître et d'exploiter leurs talents et leurs certitudes intérieures. Le Dr Dain Heer est également un pionnier dans la compréhension de l'énergie subtile et de ses effets sur le changement, la santé et le bien-être, et il a mis au point son propre processus, appelé la Synthèse Énergétique d'Être (*Energetic Synthesis of Being – ESB*).

Ayant grandi dans le ghetto de Los Angeles, le Dr Dain Heer a dès son jeune âge été exposé à de constantes maltraitances mentales, physiques, émotionnelles, sexuelles et financières. Pourtant, il n'a jamais choisi de se poser en victime. Au lieu de cela, il a découvert la puissance de la transformation personnelle, de l'accueil, du courage et de la résilience. Il a appris à transformer les épreuves de la vie en des cadeaux qui le renforçaient.

Avant toute chose, le Dr Dain Heer a pris conscience que son altruisme profond et inhérent n'avait jamais disparu. Au fil du temps, il a pris conscience qu'il avait la capacité de donner aux gens les moyens de se guérir, en choisissant une approche nouvelle et puissante de la guérison.

Il utilise une série d'outils unique et propose des processus énergétiques progressifs pour sortir les gens des conclusions et jugements qui les figent dans une absence cyclique de choix. Il leur fait vivre des moments d'émerveillement qui ont le pouvoir de tout changer.

Pour en savoir plus sur le Dr Dain Heer, vous pouvez consulter son site internet : *drdainheer.com*

Composition et maquette : Soft Office

Achevé d'imprimer en mai 2022
sur les presses de la Nouvelle Imprimerie Laballery
58500 Clamecy
Dépôt légal : mai 2022
N° d'impression : 204418

Imprimé en France

La Nouvelle Imprimerie Laballery est titulaire de la marque Imprim'Vert®